# 中島哲（かこさとし）
# 大正15年に生まれてから
# 昭和20年までの居住地

武生《たけふ》　０歳〜　学校２年生まで
板橋《いたばし》　小学校
島ヶ原村《しまがはらむら》
宇治《うじ》・津《つ》　ろ

# 過去六年間を顧みて

かこさとし　小学校卒業のときの絵日記

偕成社

# はじめに

私は一九二六年、ときどき昭和元年生まれと誤記《ごき》されることがあるが大正十五年北陸福井《ほくりくふくい》の武生《たけふ》（現越前市《えちぜんし》）の生まれで、引接寺付属《いんじょうじふぞく》の丈生幼稚園《じょうせいようちえん》に通い、東小学校で小二の六月十日に東京府板橋区に一家で移住、第一小学校から新設の第四小学校と、小学生時代を修了《しゅうりょう》した。

時代は次第に戦時色に包まれ、二・二六事件に至《いた》るキナ臭《くさ》い状況だったから、周囲の大人や社会の動きに多くの事を感じ、混迷《こんめい》や反撥《はんぱつ》したりしていた。小学校の卒業が近づいた折、それまでの小学生時代をまとめるよう担任からいわれた。授業で作文の折は二、三枚を原稿用紙に記すだけだったが、どっさり原稿用紙の束《たば》が教卓《きょうたく》につまれて、何枚でも思う通りかけといわれてまとめたのが本稿である。

小六であった当時、一所懸命《いっしょけんめい》にかいた記憶《きおく》があるが、現在各種の資料と対照すると、思いまちがいが多くあるけれど、それも一つの記録として添記《てんき》しておいた。

今回はからずも出版して下さることになり、一人の小六生の記録と御笑覧《ごしょうらん》いただければ幸甚《こうじん》である。

東京転居の前日に小学校奉安殿横で姉と

当時の武生東尋常《じんじょう》高等小学校

# もくじ



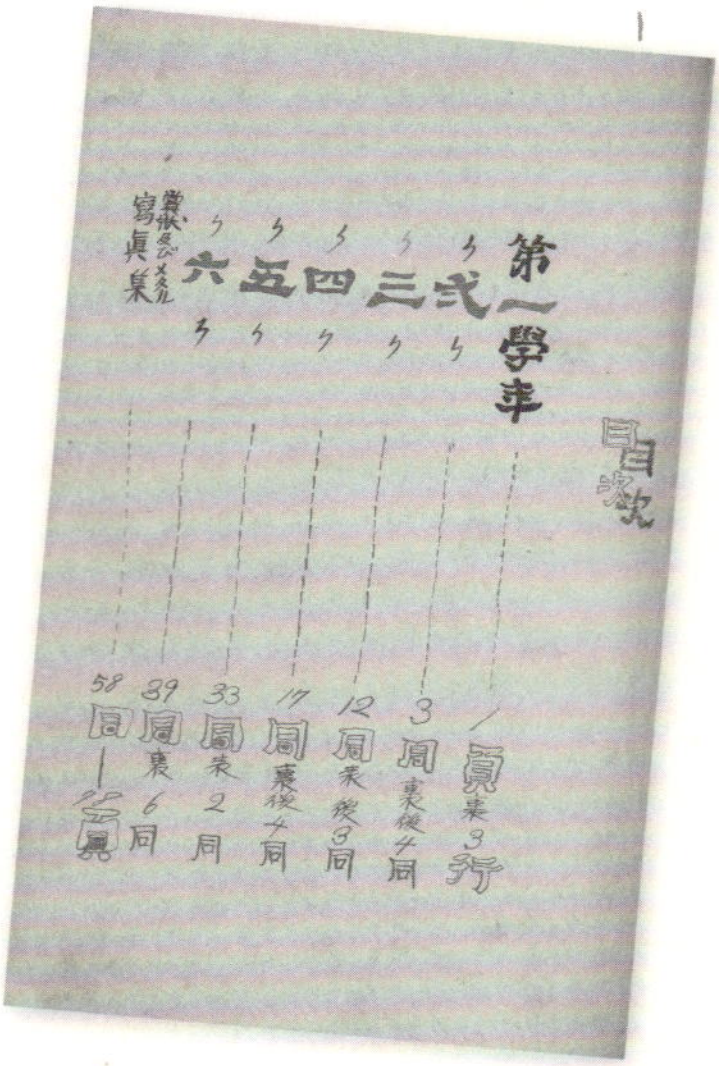

# おことわり

日記の文章を書きおこすにあたっては、原文の雰囲気をくずさないように、読みやすさを考えて、以下を原則に修正を加えました。

・明らかにまちがいと思われるところ、また当時明らかに誤解していたことは、かこさとし氏のご意向もあり、正す
・読みやすいように句読点を加える
・難しい漢字にはルビをふる
・旧漢字は当用漢字に、旧仮名遣いは現代仮名遣いにかえる(ぢ、づについては一部ママとしている)
・日記内での漢字、字句の統一については原文ママ

また、日記内に今日では、一部不当、不適切と思われる表現が用いられているところが見受けられますが、当時のかこさとし氏の言葉をそのまま伝えるため、原文のママとさせていただきました。

この本を刊行するにあたり、絵日記を読みながらかこさとし氏に語っていただいた当時の思い出を、日記下のふき出しと「聞き書き」にまとめました。

# 過去六年間を顧みて

武生東尋常高等小学校のときの記念写真（中央が田辺なつを先生、後列中央のしまのセーターが筆者）

# 第一学年

小学校に入学してから早《はや》や幾年《いくとせ》、幼《おさな》き僕《ぼく》が小学校への入学を夢《ゆめ》に見ながら楽しく指おりまっていた頃《ころ》の僕《ぼく》が、今は上級生の一人《ひとり》となり中等《ちゅうとう》学校《がっこう》への道《みち》へいそしんでいるのである。思《おも》えば夢《ゆめ》の如《ごと》くはかなく過ぎさった六《む》つ年《とせ》の年《とし》だった。

しかしはかなく過ぎ去ったこの年月の間に、苦しいこと悲しいこと嬉《うれ》しいことさびしいこと

一年生へ入學
僕は母に手をひかれながら櫻が滿開した道を、希望を持ちながら歩を運んで行つた。……
草紙

いやなこと残念なこと気がもめたことなど上げて見れば幾多《いくた》の思い出があった。この思い出を過去六年間をかえり見てという題でこの紙上《しじょう》につづろう。

一年生への入学、僕《ぼく》は母に手をひかれながら桜が満開した道を希望を持ちながら歩《ほ》を運んで行った。今まで何もわからなかった僕《ぼく》がずんずんと物事《ものごと》がわかるうれしさ。

一年のとき通っていた学校は武生《たけふ》の東学校で組は男女組だった。姓《せい》は忘れたが一郎と名のつ

学校ではつめえりの制服《せいふく》の子もいたし、着物《きもの》の子もいた。運動ぐつをはいて登校するんだけど、当時のはゴムがわるいせいか、すぐに穴《あな》があいてしまう。だから着いたらすぐにみんな、はだしになった。運動ぐつはだいじだから行き帰りだけはく。放課後遊ぶときもすぐぬいで、土手にはみんなのくつがならんでた。

く子だ。一郎君は今の高橋利昌君《たかはしとしまさ》によくにている子だった。力が強い上に図画は僕《ぼく》よりうまかった。お父さんの勤《つと》めていた会社の人で、上田君、石橋君などが今だに忘れられないよい友達だ。

それから忘れてはならないのは受持ちの先生田辺先生《たなべせんせい》だ。この先生は女の先生であるが運動なら女の先生の中で一番、かけっこでござれ、高跳びでござれ、幅跳びでござれなんでもやってのける若い元気な先生だ。僕《ぼく》みたいに眼鏡《めがね》をかけていないお父さんは、稲荷神社《いなりじんじゃ》の神主《かんぬし》だ。僕が流行《りゅうこう》のヂフテリヤにかかって林病院のベットによこたわった時、わざわざお見舞《みまい》にこられた。こんなにしてくだった先生も僕《ぼく》が二年になるとき、別れをおしんで西学校の方へ転校なされた。

これが一年坊主《ぼうず》の時の思い出だ。

田辺先生は、転校が決まったとき、クラスに来て急に泣《な》かれた。ああ、先生も泣《な》くんだと、ぼくはおどろいた。

先生の御恩
僕がマラリヤにかゝつて林病院のベットによこたはつた時わざわざお見舞にこられ……

―思い出聞き書き―

## 小学校

東小学校はなかなかりっぱで、グラウンドも広く、体育館も大きいのがありました。体育館というか講堂《こうどう》といっていたかな。冬休みにそこで、一年生から六年生までが描《か》いた絵を全部並《なら》べて貼《は》りだしていました。六年生が描《か》いた日の出の絵がとてもすてきだなと思ったもんですから、つぎの授業でまねして描《か》いたけど、全然《ぜんぜん》だめだなと思った記憶《きおく》があります。

またその講堂《こうどう》では学芸会みたいなものもやりました。お芝居《しばい》や遊戯《ゆうぎ》を夜にもやって、親御《おやご》さんに観《み》せるんです。僕《ぼく》は合唱をやったんだけど、おなかがいたくなっちゃって、トイレに行きたくなってしまった。ところがふだんは昼間しか学校にいないので夜のトイレなんて真っ暗で怖《こわ》くて、姉についてきてもらったことを覚えてます。昔のトイレだからもちろんくみ取り式で、落っこちるんじゃないかって、おっかなかった。

―思い出聞き書き―兵隊《へいたい》ごっこ

土手であんちゃん連中の後ろにちょこちょこくっついて、よく兵隊《へいたい》ごっこをしてました。満州事変《まんしゅうじへん》が起こると、新聞などに写真つきの記事が載《の》るようになってね。戦いに行った部隊《ぶたい》は軍旗《ぐんき》をかかげていくんだけど、その軍旗《ぐんき》が砲弾《ほうだん》に打ち抜かれて周囲の房《ふさ》だけになってる写真が出たことがありました。軍旗《ぐんき》は天皇に授《さず》かったものだから新調などせず、ずっと大事に持っているものなんです。そのぼろぼろの軍旗《ぐんき》をまねして、僕《ぼく》たちはムシロや荒縄《あらなわ》を竹にくりつけてかかげるんです。撃《う》たれて倒れる時は「天皇陛下《てんのうへいか》ばん……」と、「ばんざい」までいわないで倒れるのがかっこいいんだ、なんてやってて。倒れたら、それをタンカで運ぶ兵隊役《へいたいやく》もいました。

## ―思い出聞き書き― 鯖江《さばえ》の連隊《れんたい》

一年生のときに武生駅《たけふえき》の裏に引っ越しました。武生《たけふ》の北のほうに鯖江《さばえ》という町があって、そこに連隊《れんたい》がありました。満州事変《まんしゅうじへん》、上海事変《シャンハイじへん》へと、そこから出征《しゅっせい》をしていくんです。何時何分に連隊《れんたい》が出発するから見送るように、という連絡が町からきて、駅にみんなで集まる、そして子どもたちもみんな出てきて、いっせいに「万歳《ばんざい》！」とやるんです。駅の表側には人が大勢《おおぜい》いるんだけど、裏側は少なかった。外地へ行くために磨《みが》きたてたのか、新品なのか、鉄砲《てっぽう》には全部白い布が巻いてありました。兵隊《へいたい》たちがこっちを向いて笑《わら》うか手を振るかと思っていたら、しょぼんとしてるんです。みんなは騒《さわ》いでいるのに。

列車が出発して兵隊《へいたい》の客車が過ぎると、軍馬《ぐんば》の乗った貨車が通る。扉《とびら》の開《ひら》いている所から、軍馬《ぐんば》と世話する兵隊《へいたい》が見えたけど、その馬も兵隊《へいたい》もしょぼんとしてました。見送りを終えたら、大抵子《たいてい》どもたちはワーワー騒《さわ》いで帰るはずなのに、みんなだまりこくってしまって……。

出征《しゅっせい》を見送るっていうのは寂《さび》しいものなんだという記憶《きおく》があります。そして満《まん》州事変《しゅうじへん》とか上海事変《シャンハイじへん》と聞くと、あの馬の寂《さび》しい顔が思い出されます。

鯖江の連隊出動のようす　1930年頃鯖江駅
(画像提供／鯖江市まなべの館)

―思い出聞き書き―

## 笠原《かさはら》病院《びょういん》のおじょうさん

一年のおしまいにクラス劇をやることになりました。「トンカチ兵」っていう、ちんぷんかんなことをするやつが出てくる芝居《しばい》で、僕《ぼく》は最初、号令《ごうれい》をかける隊長《たいちょう》役《やく》だったんです。でもその芝居《しばい》は出るのが男の子だけだったので、先生が気をつかってか、出ない女の子たちに意見を聞いたんです。そしたら「隊長《たいちょう》は一朗《いちろう》くんで、中島くんはトンカチ兵のほうがいい」って、笠原《かさはら》っていう女の子がいうんです。町にある笠原病院《かさはらびょういん》のおじょうさんでね。せっかく号令をかける隊長役《たいちょうやく》でいい気持ちになってるのに。そのトンカチ兵っていうのはね、「右向け右」だったらまちがえて左を向き、「前へ進め」だったら後ろへ下がり、でたらめなことをするんです。一年生でようやく右と左を覚えた頃だった。右っていわれたら自分で右をたたいたりしてようやくまちがえないようにしてるのを、今度は逆《ぎゃく》にまちがえなくちゃいけない。そんな苦労をして笑《わら》われるなんて間のわるいこと。「この女のやつめ」ってうらみ骨髄《こつずい》でした。

だけどあとから考えてみると、あの芝居《しばい》は隊長役《たいちょうやく》じゃなくてトンカチ兵が主役だったんだね。担任の田辺先生は町のお稲荷《いなり》さんの宮司《ぐうじ》の奥さんで、そんな方がどうして当時、兵隊を揶揄《やゆ》するような芝居《しばい》をやったのか、不思議だったな。

それから国語の時間、「かわいらしゅうございました」っていう言葉《ことば》を使って文章を作りなさいっていわれたことがありました。そうしたら、そのうらみ骨髄《こつずい》の笠原《かさはら》さんが「このあいだ雪が降ったので、看護婦《かんごふ》さんが雪うさぎを作ってくださいまして、とてもかわいらしゅうございました」って書いた。こっちはぞんざいな言葉《ことば》しか使わないのに、育ちがずいぶんちがうなと思ったこともよく覚えてる。

二年生から級長制度になったんだけど、僕《ぼく》は級長になって、その笠原《かさはら》さんは副級長になりました。

## 第二学年

二年になると今まではちがい、ひらがなになり割るかけるなどというむつかしいことを習った。東小学校は二年から級長がある。ちょうど級長任命式の当日僕《ぼく》はかぜをひいてのどに氷《ひょう》のう*をあて、すこしおくれてきた。

もう式ははじまっていた。列の後ろに立って

*冷やすために氷をいれる袋《ふくろ》

校長先生の声を聞いていた。

「二年一組級長誰々《だれだれ》、同じく二組誰々《だれだれ》」と、大きな声でおっしゃる。三組はだれだろう。一郎君かな、もしかしたら石橋の友ちゃんかな、なと胸をわくわくさせていた。

「三組級長中島哲《なかじまさとし》、副級長笠原定子《かさはらさだこ》」

皆《みな》の顔がこっちをむいた。僕《ぼく》は真赤《まっか》になってうつむいていた。

「中島くん出てきなさい。」

僕《ぼく》は氷《ひょう》のうの顔をもち上げて、前へ出た。

こうゆう風にして僕《ぼく》は二年三組の級長にえらばれ、桜《さくら》の形と、くの字形にきった緑のフランネルの徽章《きしょう》を左腕につけ登校するようになった。この時の先生は石田先生のように背が高く、あたまの毛ももじゃもじゃで年もよくにている先生であった。名前は三木《みき》先生。

學校は二年
から級長がある。
ちやうど級長任命
式の當日、僕はかぜを、
りて、のどに氷なう
て、すこしおくれて、
式がはじまって

この先生に学び遊んでいた日が二か月と十日ちょうど、六月十日の時の記念日に、すみなれた武生《たけふ》をあとに東京へ向かったのであった。友達先生会社の方お姉さんの友だちなど大勢《おおぜい》がおくって下さった。その上にも田辺先生は西学校からわざわざこられて送ってくださった。この時僕《ぼく》はしらずしらずに目にあついものがたまってしようがなかった。こういう風にして皆《みな》におくられて心よく出発して、京都のおばあさんの家へより、東海道線《とうかいどうせん》の汽車の旅、なんのさわり

兄の学校は東京のほうがいいってことで、父が会社をやめて転職《てんしょく》し、東京にひっこした。見送りは村じゅう、えらい騒《さわ》ぎだった。

なく東京についた。僕《ぼく》が絵がうまくなったのはこのときからである。景色《けしき》のよい中部の山々、太平洋や富士《ふじ》の雄姿《ゆうし》を見ては、自《みずか》らどうかしてあのようなよいものを紙の上へうまくあらわそうと思った。お父さんがいろいろ手ほどきをおしえて下さった。僕《ぼく》はもってきたクレヨンで一生けんめいにうつしとろうとした。

そのかい空《むな》しからずして今ではずいぶんうまくなった。

東京へついた。東京へついたときおどろい

車中は長いからたいくつだろうと、父はこのときは、絵の手ほどきをしてくれたけど、東京にきてからは、絵なんかでは生活できないぞと、描《か》いていたら怒《おこ》られた。

六月十日の時の記念日にすみなれた武生をあとに東京へ向つたのである。友達先生會社の人姉さんの友達……

た。第一におどろいたのは駅の大きなことだ。それもそのはず東京駅は東洋一の大きな駅、田舎《いなか》のマッチバコ電車の駅とはけたがちがう。第二におどろいたのは、町の大きなこと。建物の大きく、たくさんあること、往来《おうらい》がひんぱんなことである。次から次へおどろきの連続だ。

東京駅から板橋へきて第一小学校へかよったが、町の様子《ようす》や言葉《ことば》もちがい、いろいろ苦労をした。時には言葉《ことば》がへんだとわらわれたり、ばかにされたりした。時にはかんしゃく玉をはれつさせてけんかをした。だがこっちは一人、むこうは二十人ばかりだ。僕《ぼく》のあばれん坊《ぼう》も如何《いかん》ともしがたく、いつもかおをすりむいたり、こぶのおみやげをもってかえった。

それからどうかして二十人に勝つ法をかんがえた。第一に兄さんを用《もち》う。兄さんをつかっておっぱらうのではない。兄さんはじゅう道がうまいから、その手をならうのだ。大分《だいぶ》自信がついたからやってみたが、じゅう道は一人一人神みょうにやるのだが二十人ぢゃたまらぬ、一人

東京に行ったころは田舎弁《いなかべん》まる出しだから、いじめっ子のやつがいて、銀ちゃんっていうんだけど、こんちくしょうってケンカばかりしてた。でもあとで、なかよくなったなあ。

ととっくんだとおもったら、足をもたれる、頭はぶたれる。こうゆうときは奥の手を出す。奥の手といっても三本手があるのではない。奥の手というから手だとおもうと、さにあらず足である。これが僕《ぼく》の奥の手、いや奥の足だ。これがあばれだしたらしょうちしない。横ばらをける、かおをける。足でどうをしめつける。だから僕《ぼく》がねると、ただまわりにあつまって見ている。

それからよく研究した。一つの術《じゅつ》を考えた。

一つの術を
考へた。これ
は忍術だ。第一
運動場は廣い
ら逃げるのに都
よい。先づ灰を
ひた。これはご
まかり

これは忍術《にんじゅつ》をもちいた。第一小学校の運動場は広いから逃げるのに都合《つごう》がよい。先《ま》ず灰《はい》を用《もち》いた。これはごくこまかいのをとった。そうしないと、自分の目に入るからである。灰《はい》とどろ、これは家の前の松山の赤土がかわいて細かくなったのを石でつぶしてまぜた。なるべく敵《てき》をちかづけそれをなげつけ、敵《てき》が

「あっ」

といって目をつむったときとびこんでいって一人なり二人なりやっつける。こういう風であっ

たから二年生の時は、いぢめられるのとけんかで終わった。
学校の方はあまり出来なかった。

2年の授業は自習が多くて、みんな勉強せずに遊んでた。だから紙で作った人形を持っていって教卓《きょうたく》で人形劇をやったんですよ。もどってきた先生に見られたけど「続けてやれ」っていわれて、それから何回かやった。それでぼくは、だんだんクラスで人気が出てきた。

2年生わんぱく時代

## 武生《たけふ》の学校と東京の学校

「東京の人は電車の中で必ず新聞や本を読んでるぞ、えらいだろう」って親父《おやじ》にいわれて、なるほどと思ったんだけど、板橋第一小学校へ入ってみたら、板橋で一番大きい学校だというのに、武生に比べて校舎《こうしゃ》もたいして大きくないし、グラウンドもせまい。子どもが多いもんだから教室が足《た》りなくて午前と午後の二部教室、教室を二回使うんです。

音楽の時間だって、武生《たけふ》では若くてはりきった女性の田辺先生がピアノでやってくださったのに、東京に来たら、年をとったおじさん先生がオルガンをかついできてブカブカやるだけ。声もドラ声でね。音程《おんてい》もへったくれもないんです。何だ、東京の学校はだめだなって思ってました。

# 生《う》まれてから幼稚園《ようちえん》まで

（福井県武生《ふくいけんたけふ》 村国《むらくに》　1926〜1931年）

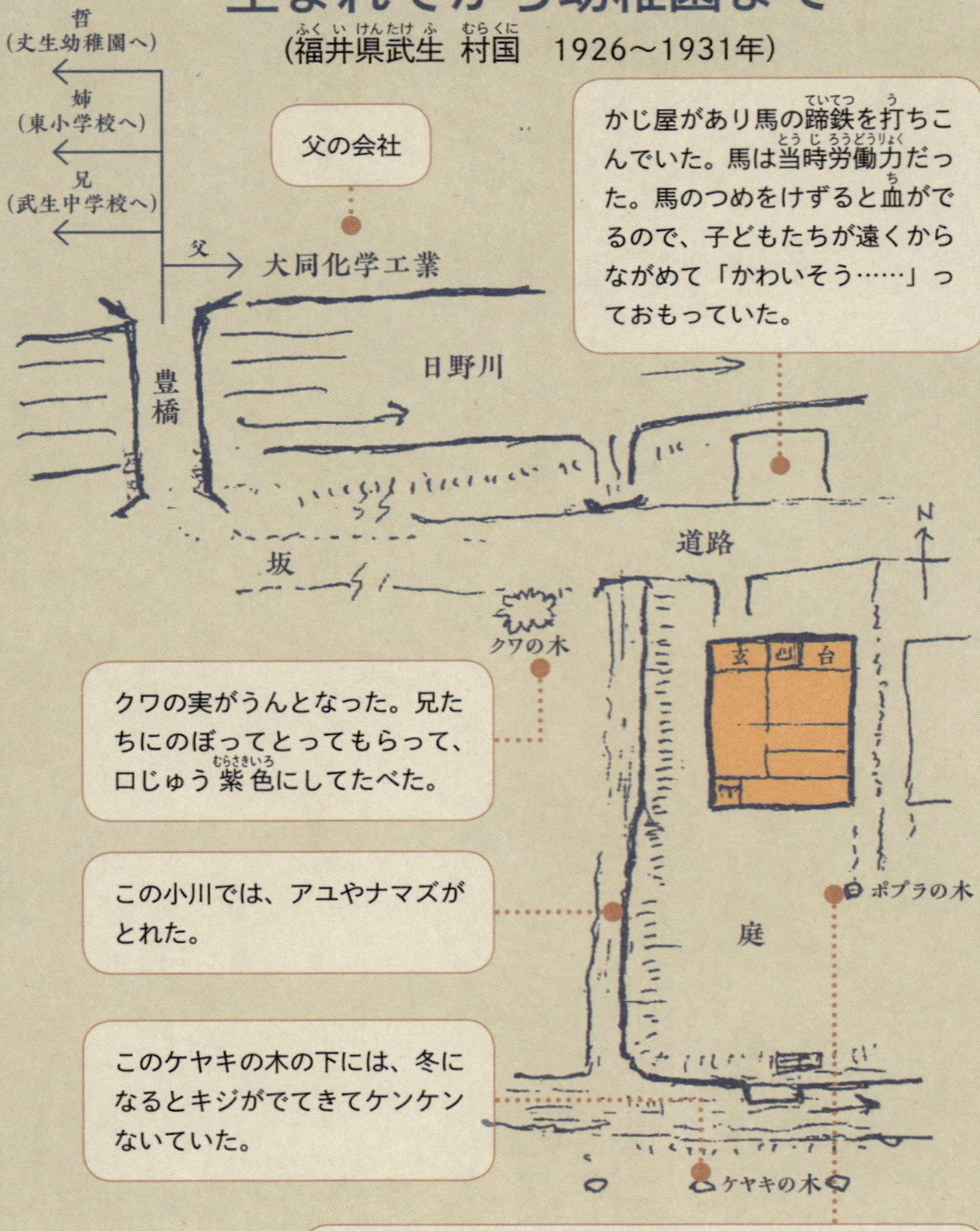


かじ屋があり馬の蹄鉄《ていてつ》を打《う》ちこんでいた。馬は当時労働力《とうじろうどうりょく》だった。馬のつめをけずると血《ち》がでるので、子どもたちが遠くからながめて「かわいそう……」っておもっていた。

クワの実がうんとなった。兄たちにのぼってとってもらって、口じゅう紫色《むらさきいろ》にしてたべた。

この小川では、アユやナマズがとれた。

このケヤキの木の下には、冬になるとキジがでてきてケンケンないていた。

庭のポプラと、ケヤキの木の間に父がアンテナをはって、ラジオをきけるようにした。よくきいたのは村岡花子《むらおかはなこ》おばさんの「子ども新聞」という夕方6時の番組だった。

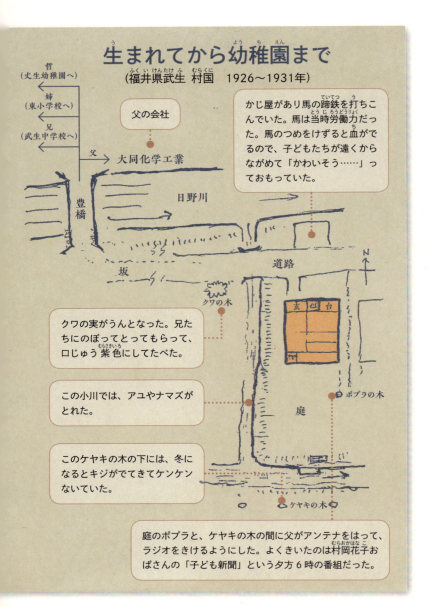

# 小学１年生から２年生
（福井県《ふくいけん》武生《たけふ》 錦町《にしきちょう》　1932～1933年）

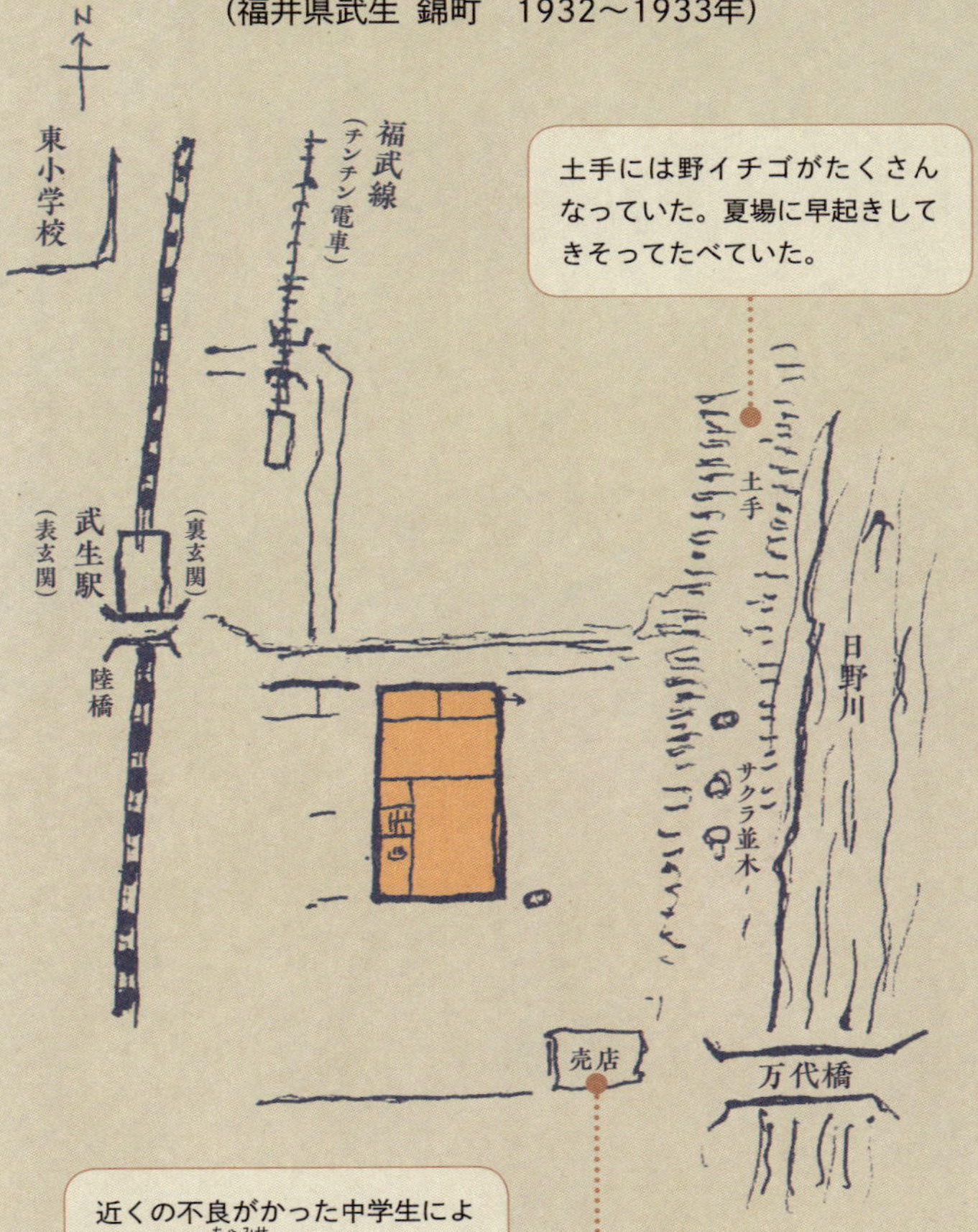
N
東小学校
福武線
（チンチン電車）
武生駅
（裏玄関）
（表玄関）
陸橋
土手
日野川
サクラ並木
売店
万代橋

土手には野イチゴがたくさんなっていた。夏場に早起きしてきそってたべていた。

近くの不良がかった中学生によく「あの茶店《ちゃみせ》でイモかってこい！」といわれて、走っていった。おだちんにイモのフライを１コもらえるのがうれしかった。

―思い出聞き書き―

# 憧《あこが》れのあんちゃん

東京に来て最初に住んだ家は長屋《ながや》でした。（↓54ページ）長屋《ながや》といっても僕《ぼく》の家は離《はな》れて独立《どくりつ》してたんだけど。三つある長屋《ながや》のひとつに、僕《ぼく》のおやじと同じ会社に勤《つと》めている一家が住んでいて、親父《おやじ》さんが夜、酒に酔《よ》うと大暴《おおあば》れしてた。ガチャンガチャンって物がこわれる音がすると、その家の子どもたちがうちに逃げだしてくるんです。

そこの一番上のあんちゃんっていうのがよくできていて、ぼくの憧《あこが》れでした。まず、近所の子どもたちを集めて上手《じょうず》に遊んでくれる。おもしろい話をしてくれたり、手品をしてくれたり。手品っていったって、大げさなしかけがあるわけじゃない。そこらへんの石っころを拾うと、「この石っころをこうやるだろ、こうだろ、で、ふっとやると……ほら、なくなっちゃったよ」なんてぐあいにね。石っころがなくなったと思ったらへんな所から出したりして、それがうまいんだな。あんちゃんのうちの前が井戸《いど》になってるから、子どもたちみんなのたまり場になって、よく集まって遊んでました。

それにあんちゃんは漫画《まんが》が非常にうまかった。なんでもさらさらっと描《か》いちゃう。クラスのいじめっ子だった銀ちゃんや、ほかの子入れて三、四人でたずねていって「弟子入りさせてくれ」って頼《たの》むんだけど、なかなかさせてくれなくて。広告の裏かなんかにあんちゃんが描《か》いてくれた絵を、もう奪《うば》うようにもらって、それをみんなで写したりなんかしてましたね。最後には絵を描《か》いてるのを見るだけだったらいいってことになって、漫画《まんが》を描《か》くところをじーっと見てました。そんなふうに年上のあんちゃんが長屋《ながや》にいるのがとても楽しかった。

—思い出聞き書き—

## 光《ひか》くんのこと

一キロほど離《はな》れた所に「愛光舎《あいこうしゃ》」という牧場があって、光《ひかる》くんという同じ学校の子が住んでました。(→55ページ) 池やテニスコートもあるお金持ちで女中《じょちゅう》さんがいて、きれいなお母さんがいて、家には本がずらりとある。なぜかうまがあってよく遊びに行ってました。行くとすぐに本を読む。月刊の「少年倶楽部《しょうねんくらぶ》」も、ぼくのほうが先に読んじゃうんです。読みおわったら戦争ごっこなんかやってね。当時の子どもはみんな坊主頭《ぼうずあたま》だったのに、光くんだけは坊《ぼっ》ちゃん刈《が》りでした。

同じ敷地《しきち》にもうひとつ家があって、親せきかな、すてきなおじょうさんが住んでました。上野の音楽学校、今の芸大《げいだい》に通っていて、ベレー帽《ぼう》とハイヒールで学校へ行くんです。毎朝、ぼくの家の前をずーっと通って。そんなハイカラな格好《かっこう》がめずらしくて近所のおばさんたちも出てきて見るんですよ。ぼくも見てました。「ピアニストを目指《めざ》しているお嬢《じょう》さんは、ちょっと違うなぁ」って思いながら。

## ―思い出聞き書き― 東北飢饉《とうほくききん》

秋ごろに東北飢饉《とうほくききん》というのがあって、新聞で大騒《おおさわ》ぎをしてました。クラスの何人かと「自分たちもお金を送ろうじゃないか」と話して、納豆《なっとう》の問屋のおばさんに納豆《なっとう》を売らせてくださいって頼《たの》みに行った。「売って何するんだ?」って聞かれて「お金を東北の人たちに送ってあげたい」っていったら、「えらい」って、顔をくしゃくしゃにして涙《なみだ》ぐんじゃって。売るためのかごから何から全部貸してくれて、小学校二年生でもわかるように、こういう値段《ねだん》で売るとその差額《さがく》が収入《しゅうにゅう》になるから、そのお金を東北に送れとていねいに教えてくれてね。

みんなで売って、いくらかのお金ができました。お金は新聞社に送ればいいってことはわかってたけど、どうしたら新聞社に送れるかがわからない。それで駅の近くの新聞配達所《しんぶんはいたつじょ》へ、送ってもらうように頼《たの》みに行きました。帰りに氷川神社《ひかわじんじゃ》で「無事《ぶじ》に東北にとどきますように」ってみんなでお参《まい》りもしました。

# 第三学年

六年間の中で三、四年は一番あばれ時《どき》だ。このあばれん坊《ぼう》きかん坊《ぼう》の組をよくして下さった先生は先川《さきかわ》先生《せんせい》だ。

先生はすこしおじいさんだ。メガネをかけている。或《あ》る時《とき》先生が皆《みな》にたづねた。

「皆《みな》先生について感じたことをいってみなさい。」

3年生遠足

と。

一番先に、ちびのチャムが言った。本名桑原《くわはら》孝一《こういち》。

「しわがあって、おっかなそうだが、いい先生だ。」

こいつ勇《ゆう》かんなやつだなと思った。次に炭屋《すみや》の斉藤《さいとう》一《はじめ》、名焼パン。すこしやせていて、あごがつき出ている。

「メガネをとるとおっかない。」

前のよりはるかに強いトーチカだ。トーチカ

トーチカっていうのは第一次世界大戦で出現した、戦車《せんしゃ》に対抗《たいこう》するコンクリート製の強固《きょうこ》な要《よう》さいのこと。強固《きょうこ》な心臓《しんぞう》をもってる人のことをトーチカ心臓《しんぞう》っていってた。

一番先にちびのギャムが言つた。本名桑原孝一、じわがあつておつかなさうだがいい……」。

心臓《しんぞう》だ。僕《ぼく》は、この頃から勉強をやり出した。そうして三年三学期間、ぶっ通しで級長をやった。

ここいらで僕《ぼく》の失敗談《しっぱいだん》を聞かせよう。ちょうど算数の時間だった。先生がヘクト*の h《エイチ》 という字を書いた。その字は活字体《かつじたい》であった。僕《ぼく》は兄さんからおそわって、くずした字 *h*《エイチ》 を知っていた。先生こういう字でもいいんですかといって聞こうとしたが、中々声が出てこない。思いきって

くずした字というのはアルファベットの筆記体《ひっきたい》、いわゆるイタリック体のこと。知ったかぶりをしようと思ったんだね。

＊ギリシャ語で100の意味で、100倍を表す単位の接頭語

「先生。」
と大声でよんだ。皆《みな》のかおがこちらをむいた。
ますますおどろいて真赤《まっか》になった。
どうせ言ったんだから一か八かでやっちゃえ
と、やったがよいが、その言葉《ことば》は
「やわらかい字しってらー。」
これには先生もおどろいたらしかった。とな
りのえ、と、ちんこ、(江藤《えとう》君のニックネーム)が、
「どうしたの」と長い顔を突《つ》き出《だ》した。
先生が式を黒板に書いてから僕《ぼく》のところへき

て頭へ手をやった。

教《きょう》だんの方へいかれるとき、先生はくびをかしげていた。

それからとてもゆかいな事があった。

夏の事だった。僕《ぼく》の席の隣《となり》のかわ、庭に面している席の最後に菅沼《すがぬま》という子がいた。皆《みな》銀ちゃん銀ちゃんとよんでいた。その日は僕《ぼく》が七時半にきた。校庭の隅《すみ》に銀公《ぎんこう》一人《ひとり》だけしょんぼりとして立っていた。いつもねぼうの僕《ぼく》がなぜこんなに早く来たかというと校庭にもみぢの木

「かわ」とは座席の列のこと。みんなふだんは8時半ころに登校していた。

16

銀公は五時前に學校にきたさうた。さうして木へのぼつたがドンン……

がある。その実は知っているように羽《はね》のさきに着いているので、おちるときくるくると廻《まわ》っておもしろい。この実を取るため朝早くきたのだ。

「銀ちゃん取らないのかい？」

僕《ぼく》が聞いた。よく見たらうでをおさえていた。よくきいてみたら銀公《ぎんこう》は五時前に学校へきたのだそうだ。そうして一ぱい取ってやろうと木へのぼったがどしん。もうわかるだろう。おちていたい、うでをおさえていたのである。

二時間目だ。わすれたが先生が長いお話をし

かえでの種は羽がついてて、落ちてくるのがおもしろくてパラシュートみたいにして遊んでた。みんな、われ先にと取るもんだから、早く行かないとなくなっちゃう。

て下さった。どうしたのか先生はふっと話を止めて一隅《いちぐう》を見た。銀ちゃんとこだ。よく見たらうつぶせになっていびきがきこえた。先生がきて起こそうとしたがおきない。皆《みな》がわーわーと笑《わら》った。僕《ぼく》は今朝《けさ》のことを先生にいったら「そうか」とおっしゃって、皆《みな》に

「おこさないように。」

といって、苦笑《くしょう》された。皆《みな》がもう一度、わーと笑《わら》った。

銀ちゃんは木の下でしくしく泣《な》いてたから「だいじょうぶ、助けてやる」っていって当時の保健室《ほけんしつ》につれていってやったの。それから銀ちゃんとは、なかよくなった。

よく見たらうつぶせになつていびきがきこえた。先生がきて起さうとしたがおきない。首が

―思い出聞き書き―
## おちゃらかし

ある雨の日、帰るときに同じクラスのやつらが、より集まってごそごそやってました。「何やってるんだ?」って聞いたら、「おちゃらかしに行くんだ」っていうんです。おちゃらかしっていうのがなんだかわからなくて、「まあ、見てろ」っていわれてついていったんです。東京の小学校は男女別クラスだったんですが、女の子たちが帰っていくのを後ろから追いかけて、キャーキャーいって逃げるのを、また追いかけるというのがおちゃらかしでした。雨《あま》がっぱをかぶって、おどかしたりして。

小柄《こがら》な女の子を追いかけていったら、その子が憲兵《けんぺい》(軍隊《ぐんたい》や軍人《ぐんじん》に対して警察活《けいさつかつ》動《どう》をする特別な部門の軍人《ぐんじん》)の家の子だったらしく憲兵隊《けんぺいたい》の門の中に入っていきました。いつも強がっている銀ちゃんもいたんだけど「憲兵《けんぺい》だ。こりゃ、危《あぶ》ない」って、みんな帰っちゃった。ぼくは「怖《こわ》くないぞ」って残って近くをうろうろしてたら、その子に見つかっちゃいましてね。「うちに来る？」っていわれて、家にあがらせてもらったんです。

家の中ではお母さんが、セルロイドのキューピー人形の顔を描《か》いていました。人形は部屋じゅうにあった。ちょんちょんと顔や髪《かみ》の毛《け》を描《か》いては、ぽーんと竹かごに放《ほう》りこむ。竹かごにはすでにできあがったキューピー人形が入っていて、人形と人形があたってカサッていうセルロイド独特の音がするんです。カサッ、カサッって一定の時間ごとにするその音がいまでもわすれられない。あとで知ったんですが人形はアメリカへ輸出《ゆしゅつ》するものだったらしい。憲兵《けんぺい》の家でもお母さんは内職《ないしょく》するのか、東京にもいろんな人の生活があるなあと、何かしみじみ感じました。

1930年代のキューピー人形
（画像提供／T. KITAHARA COLLECTION）

# 小学２年生から４年生

（東京《とうきょう》府《ふ》板橋《いたばし》２丁目　1933～1935年）

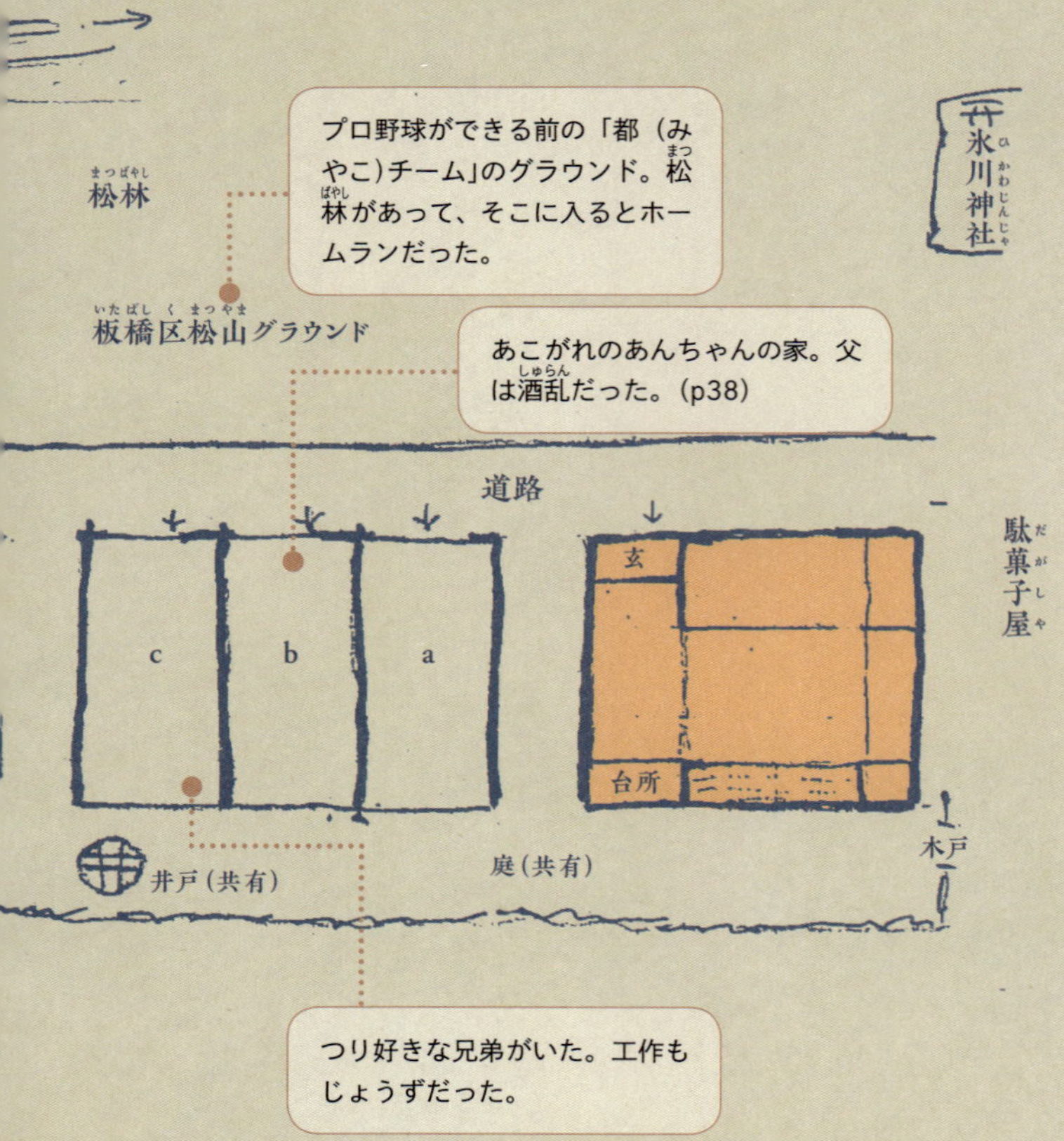

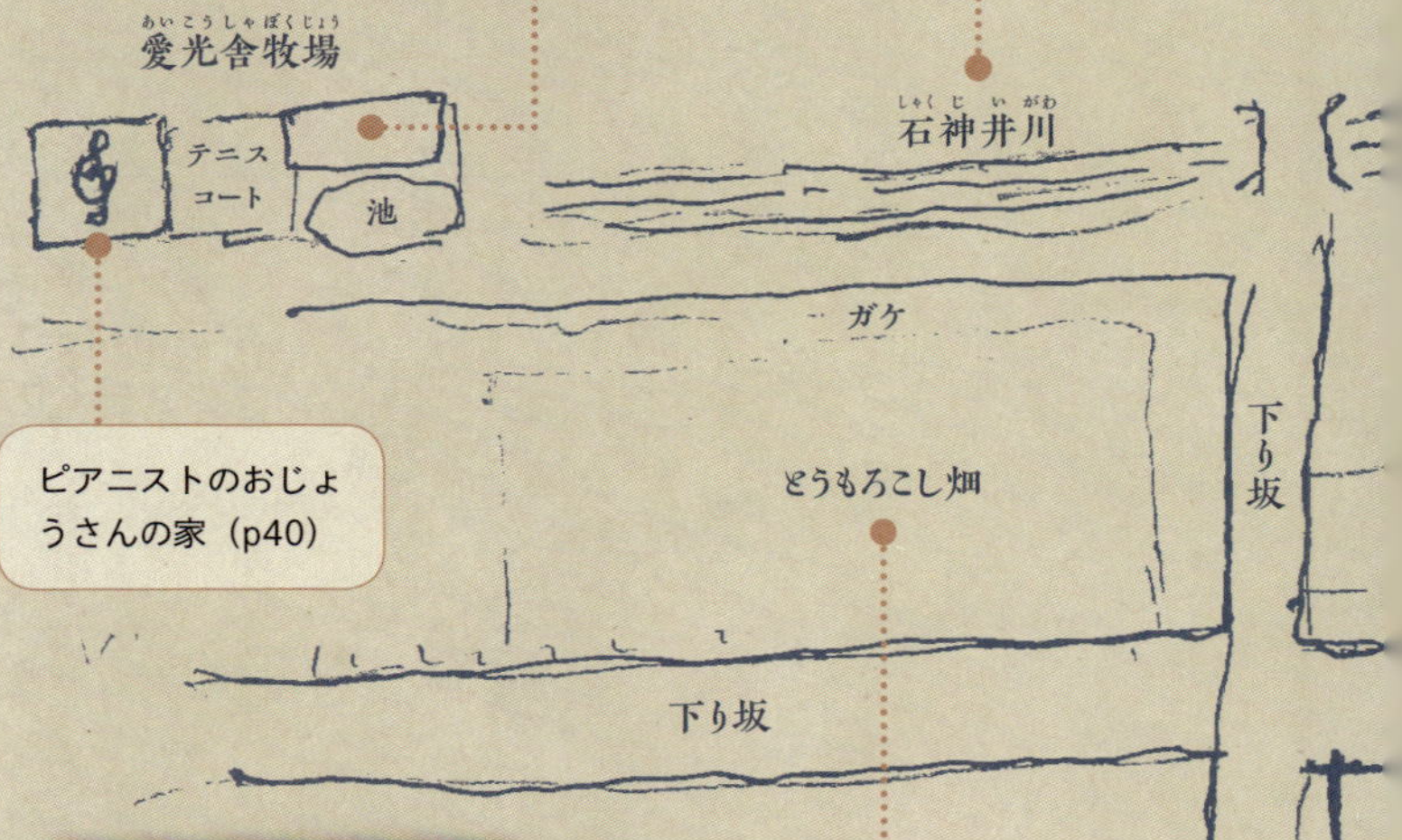
坊っちゃん刈《が》りの
光《ひかる》くんの家（p40）
入ってみたが、めだか1ぴきとれない。武生《たけふ》とちがってきたない川だなあと思った。
愛光舎牧場《あいこうしゃぼくじょう》
テニスコート
池
石神井川《しゃくじいがわ》
ガケ
下り坂
とうもろこし畑
ピアニストのおじょうさんの家（p40）
下り坂
夏に畑の角で焼きとうもろこしを売っていて、いい匂《にお》いがしてた。でも一度たべたらおなかをこわしたので、その後は買ってもらえなかった。
小学校への道

光くんの家（左から哲《さとし》、エトチンコ、光くん、後ろ、光くん母）

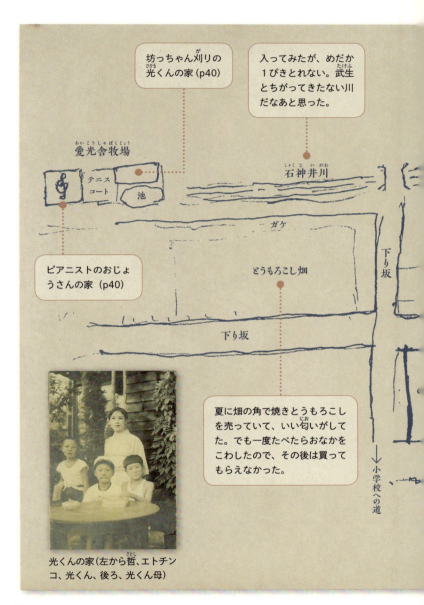

# 第四学年

それから一年たって四年坊主《ぼうず》はやっぱり先川《さきかわ》先生《せんせい》、級長はつくだに屋の恩田《おんだ》のデブちゃん、副長は、おとなしくよく出来る中村君だった。

この頃福田君が池袋の学校へ転校した。福田くんは算術《さんじゅつ》が得意だ。山田君より早く瀬《せ》田《た》君より正確だ。応用問題を三十題先生がやらせたことがあった。福田君が十三分幾秒《いくびょう》かで出

4年のときの担任は、お天気屋の男の先生。きげんがいいといいんだけど、わるいときはすぐ怒る。学校が終わって野原で遊んでただけで怒られたことがあって、そんなにいわなくてもいいのに、って思ったな。

来た。二番が山中光《やまなかひかる》、三番が久保、この子は転校してきた子で色が黒い。四番が江藤、この子のあだ名エトチンコは瀬田君《せたくん》がつけたのだそうだ。五番が誰々《だれだれ》六番が僕《ぼく》だった。この中で一番の福田君が満点、二番の山中が三題まちがい、三番の久保が満点、江藤は十題余《じゅうだいあまり》間違い、僕《ぼく》が二題まちがった。早さにおいても正しさからいっても福田君久保君等《ふくだくんくぼくんら》が一番だ。

算術《さんじゅつ》の達人《たつじん》、算術《さんじゅつ》の大学者、算術大臣《さんじゅつだいじん》、算術《さんじゅつ》大大名人、無検算先生《むけんざんせんせい》などというあだなは、皆《みな》福田君のだ。

　福田君が転校してしまった時先生は、

「福田君のように算術《さんじゅつ》がよく出来ておとなしい子を失ったのは大へん惜《お》しい。

皆《みな》も福田君のように人に惜しまれるような人にならなくてはいけない。」

と、お話になった。

　春の遠足は若芽《わかめ》がのびうららかな春の日、僕《ぼく》たちは奥多摩《おくたま》へいった。僕《ぼく》たちの級はおとなしくよく出来るからというので特別につり橋を渡へうきん物の高田君が橋の真中でおどつて皆をわらわせた。いよく僕たちの番だ。下でゴーゴー流れが岩をかんでゐた。真中に来た時まはりを見たら……

してもらった。あぶないから三人一組になって……ひょうきん者の高田君が橋の真ん中でおどって皆《みな》を笑《わら》わした。いよいよ僕《ぼく》たちの番だ。真ん中下でごーごーと流れが岩をかんでいた。真ん中に来た時まわりを見たら、ぼーっとしてよくわからなかった。

足の下がいたがゆいような気がして、体がふわふわ浮《う》いてへんな気持だ。魂《たましい》が、誰《だれ》かの魂《たましい》のようだ。魂《たましい》をうばわれたというのはこのことだろう。

3年のときの遠足は千葉の野田しょうゆの見学だった。おせんべいのでっかいのに、しょうゆがどっさりかかっていた。みんなおみやげに買ってたけど、ぼくは買わなかった。

やっと向こうについた。僕《ぼく》も案外臆病《あんがいおくびょう》だ。高田君が、先生にしかられると思って青くなっていた。

夏が来た。新しいパナマ*の帽子《ぼうし》を頭にのせて、毎日宿題一頁《ページ》、あとは自由時間早くいえば遊び時間。そこで僕《ぼく》は考えた。皆《みな》も僕《ぼく》のように遊んでいる。僕《ぼく》も遊んでは三文《さんもん》の得《とく》にはならない。そこで近くの木戸君と考えた。考えついたのは図画だ。図画でも普通《ふつう》のでは何もならない。そこで考えた。僕《ぼく》一人でこれは考えたので

＊エクアドル産のパナマ草の葉を細かくさいて、編《あ》んで作った夏帽子《なつぼうし》

あるから木戸君もしらない。

今日は夏休み作品展覧会《てんらんかい》の当日だ。僕《ぼく》の作品は図工だ。図工とは図画と手工《しゅこう》のあいのこだから図工だ。

僕《ぼく》の図工の上には金色の色紙がはってある。特等だ。僕《ぼく》の図工は先《ま》ず画用紙に水色をぬる。もう一枚の紙に海藻《かいそう》やサンゴの絵をかき黒兵衛《くろべえ》*がサンゴの枝につかまっている絵をきれいにきりぬいた。前の水色の画用紙にはりつけた。魚、たつのおとしごなどをはりつけて見ると、

＊田河水泡《たがわすいほう》の漫画《まんが》の主人公凸凹黒兵衛《くろべえ》

様サンゴの繪かき黒兵衛がサンゴの枝につかまつてゐる繪である。

凸凹《でこぼこ》黒兵衛《くろべえ》が浮《う》き出《で》て、とてもきれいなものである。こうしてあつい夏休みも図工のおかげで楽しく送れた。

それから二、三日立って、新設《しんせつ》の第四小学校へ転校した。

僕《ぼく》の来た日はちょうど小運動会であった。二階から見ていたら何年かの生徒が皆《みな》先生の号令《ごうれい》でさっと「ひゃっとこ立ち」をした。

「うまいもんだなあー。」

やがて皆《みな》が帰って来た。きいて見たら「さか足が真中より向ふにいってしまった。「過ぎたるは及ばざるが如し。とう〳〵向ふへどたん、しばらく僕は立てなかった。……

だち」をしたのはこの組ととなりの組だという
ことであった。大運動会には皆《みな》やるのだそうだ。
翌日から僕《ぼく》は一人で練習を始めた。急だから
あまりうまく出来ない。おでこに「たんこぶ」、
足は紫色《むらさきいろ》になって帰って来たことが、幾度《いくど》も
あった。

この頃のことだ。原っぱで練習していると
き、あまり勢《いきおい》をつけてやったもんだから足が
真ん中より向こうにいってしまった。

「過ぎたるは及《およ》ばざるが如《ごと》し。」

とうとうむこうへどたん、しばらく僕《ぼく》は立てなかった。せなかをつよく打ったので息がつまるほどつらかった。この原っぱ事件で僕《ぼく》はそれから練習をちっともしなかった。

紅白の幕《まく》、萬国旗《ばんこっき》がなびいている。今日は運動会の当日だ。

ドーン、かけた。走った。赤白ぬいた、ぬかれたで僕《ぼく》は三着。午後の部へ入って「ひゃっとこ立ち」をしたがうまくやってのけた。

# 運動會

紅白の幕萬國旗が、なびいてゐる。今日は運動會の當日だ。ドーン。かけ、走つた。

木枯《こがら》しが吹きはじめた。この頃のことだ。この年はものすごい大雪だった。ものすごいといっても福井の雪は二階から出入りして買物にいったくらいだから、それほどでもない。二・二六*事件の前か後か忘れたが、二組の山崎先生が雪合戦をさせて下さったことがあった。よーし、力を見せるにはこの時とばかりにやったっけ。はじめは赤白にわかれ、敵《てき》の棒《ぼう》をたおした方が勝だ。僕《ぼく》は考えた。いくら雪を投げたって棒《ぼう》はたおれない。自分が雪つぶてにあたってもさほ

二・二六事件は、姉が「たいへんだ！」といって学校から帰ってきたので知った。ラジオでもあまりいわないし、よくわからなかった。学校でも何も話題にならなかった。

＊ 1936年 2月 26日におこった、皇道派青年将校によるクーデター

どいたくないと考えついた。

よしそれならというので僕《ぼく》はポケットに四発、両手に一発ずつもって出かけた。右へ左へとぶ雪つぶて、敵前五米《てきぜんごメートル》よしというので目をつむって二発を投げた。敵方《てきがた》が一せいに僕《ぼく》に投げつけた。ぴしぴし僕《ぼく》のほほに二、三発あたった。この時味方が、わーっと一せいに雪を投げてくれた。敵方《てきがた》がその方へ進んで応戦していた。棒《ぼう》には二、三人きりいない。今だ、僕《ぼく》はそのまま、わーっといってとびこんだ。棒《ぼう》の近く

にきたときどうしたのかふらふらとして自由がきかなくなった。僕《ぼく》はそのまま頭を棒《ぼう》にぶつけてたおした。僕《ぼく》は思わず

「萬歳《ばんざ》――い」

と叫《さけ》びながら陣《じん》へかえった。あとでポケットを見たら、前の四発のたまがとけてポケットの中は洪水《こうずい》だった。それから数日後かいた綴方《つづりかた》をお目にかけよう。

雪合戦
山崎先生が雪合戦をさ
せて下さつたことが
つた。
しカを見せ
はこの時とばか
にや

## 文題　いたかった雪合戦

この間のことだ。その日は雪が朝からちらちらほらふり出して、十二糎《センチ》ばかりもつもっていた。四時間目は体操であった。山崎先生がこられて「今日は雪がつもっているから雪合戦をする。」とおっしゃったので、僕達《ぼくたち》はこおどりして喜んだ。

いよいよ戦闘開始《せんとうかいし》。敵《てき》の赤い棒《ぼう》のそばには二、三人きりいない。この時とばかりに攻めこもうとしたが敵《てき》はなかなか入れない。むこうからまわろうとしたがだめである。僕《ぼく》は心の中ですこしぐらい弾《たま》を受けても大丈夫《だいじょうぶ》だから真正面《ましょうめん》から進んでいこうと考えた。二つ三つと弾《たま》が手や頭に当たる。五つ目の弾《たま》がぼくのほっぺたをかすめた。前を見ると棒《ぼう》には誰一人《だれひとり》守っていない。僕《ぼく》はいっさんにかけだした。棒《ぼう》の前にまでくると、どうしたのかよろよろとした。雪で根本をうづめてあった棒《ぼう》はそこで倒れた。勝ったと思うとさっきのいたさがなおいたくなった。

陣《じん》に帰ってかちどきを上げた。さっきのいた

評
文
りたかつた
年生の時の
ほらふり出して十二
てゐた。
時間目は
でつた。
山崎先
は30
雪がつそつてゐるから雪合戦をし

さをわすれて大きな声で

「萬《ばん》歳《ざい》──」

と叫《さけ》んだ。今でもそのことを思い出し、雪合戦の愉《ゆ》快《かい》だったことをいたかったことをつくづく思い出す。

と、書いてある。

「入学だ受験だ試験だ勉強だ。」（空《くう》襲《しゅう》だ水だマスクだスイッチだ）僕《ぼく》の机《つくえ》にこう書かれた紙がはってある。五年になると本式に勉強をしなくては中学へ入れない。

これは、当時の空襲予防の標語。

## ―思い出聞き書き― 遠足のおみやげ

四年生のときの遠足は、日記にも書いたようにつり橋を渡ったりした奥多摩《おくたま》へ行きました。ほかの友だちはおみやげにと、おみやげだんごだとか「奥多摩《おくたま》あめ玉」だとかいろんなのを買っていましたけど、ぼくはそんなものは買わなかった。ちょっとケチだったのかな。川沿《かわぞ》いを歩いて苔《こけ》の生えた石を拾《ひろ》って、持って帰ってきました。

それを見た親父《おやじ》から「今ごろからこういうものが好きなんて、困ったやつだな」といわれたことをよく覚えてます。お盆《ぼん》の上に石を置いて、山とかに見立てて楽しむ盆石《ぼんせき》みたいな風流《ふうりゅう》な大人の遊びがあって、そうしたことをさしていたんじゃないかな。

―思い出聞き書き―**新しい家と新しい学校**

親父《おやじ》が家を建てたので、四年生のときに二丁目の長屋《ながや》から四丁目の新しい家に引っ越しました。(↓80ページ)転校した板橋第四小学校は新しくできた学校で、教育に熱心に取りくんでいました。特に情操教育《じょうそうきょういく》の部分を若い先生方がはりきってやっていたのです。たとえば音楽ではモーツァルトの「魔笛《まてき》」をドイツ語のレコードで聴《き》かせたり、絶対音感《ぜったいおんかん》っていうのかな、ピアノをバーンと弾《ひ》いて、その和音の音符《おんぷ》を子どもたちに書かせたりして。ぼくは音なんか、さっぱりわからない。友だちが「なんでもいいよ、三つか四つ、だんごを書いて出しゃあ、いいんだ」っていうからそうしたけど、自慢《じまん》じゃないけど一度もあったことがない。全部0点でした。でも、新進の先生だからそういうことをやるんだ、やっぱりちがうな、おもしろいなって思ってました。

南角の新しい家で（左から兄、哲、父、姉）後ろの二階屋が母屋

新しい家の庭で（左から父、兄、母、姉、哲）

僕が中学になったとき、兄が開業した中島歯科医院と治《ち》療《りょう》風《ふう》景《けい》

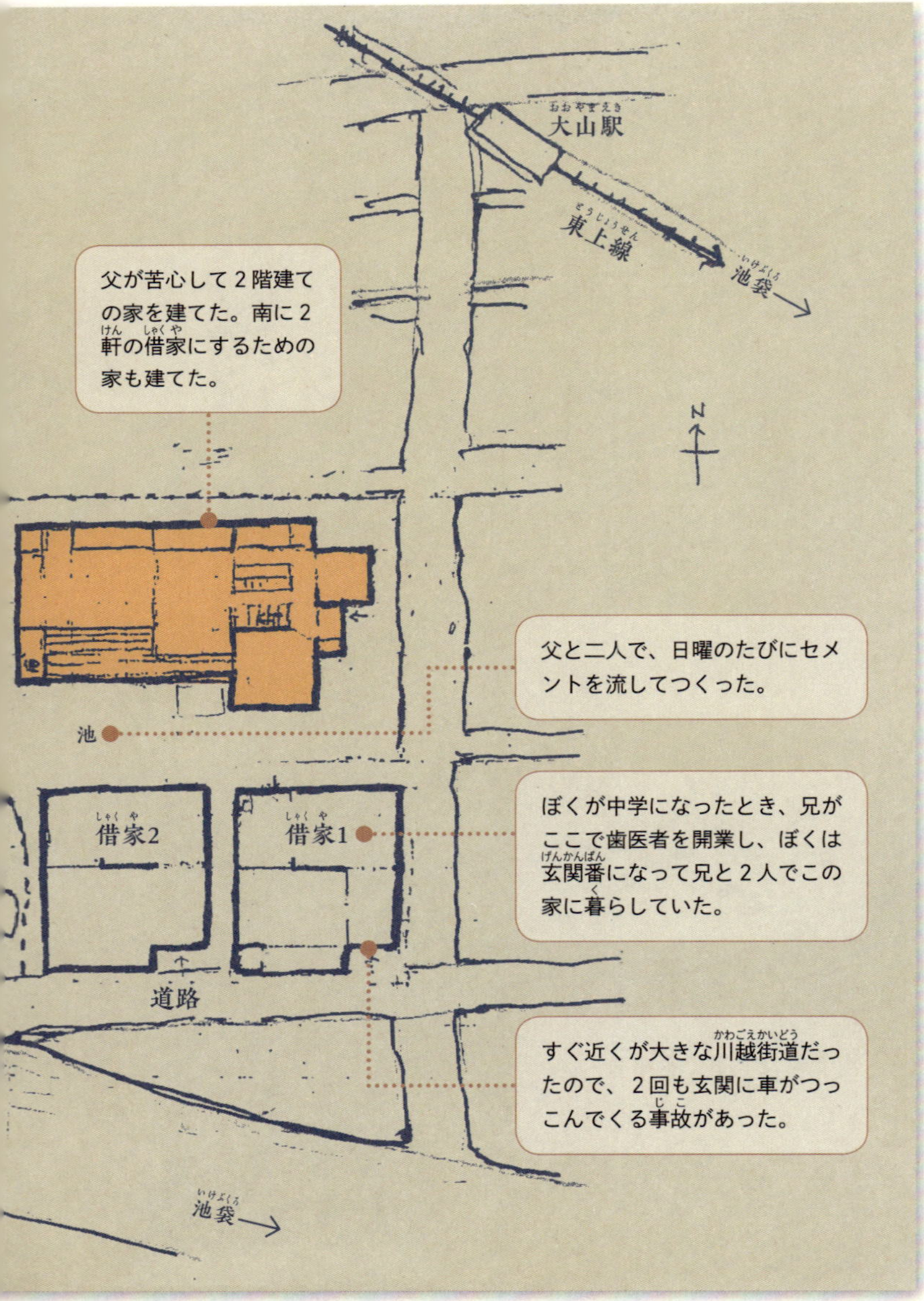
大山駅《おおやまえき》
東上線《とうじょうせん》
池袋《いけぶくろ》
父が苦心して２階建ての家を建てた。南に２軒《けん》の借家《しゃくや》にするための家も建てた。
N
父と二人で、日曜のたびにセメントを流してつくった。
池
借家《しゃくや》2
借家《しゃくや》1
ぼくが中学になったとき、兄がここで歯医者を開業し、ぼくは玄関番《げんかんばん》になって兄と２人でこの家に暮《く》らしていた。
道路
すぐ近くが大きな川越街道《かわごえかいどう》だったので、２回も玄関に車がつっこんでくる事故《じこ》があった。
池袋《いけぶくろ》

# 小学４年生から

(東京《とうきょう》府《ふ》板橋《いたばし》４丁目　1935年～)

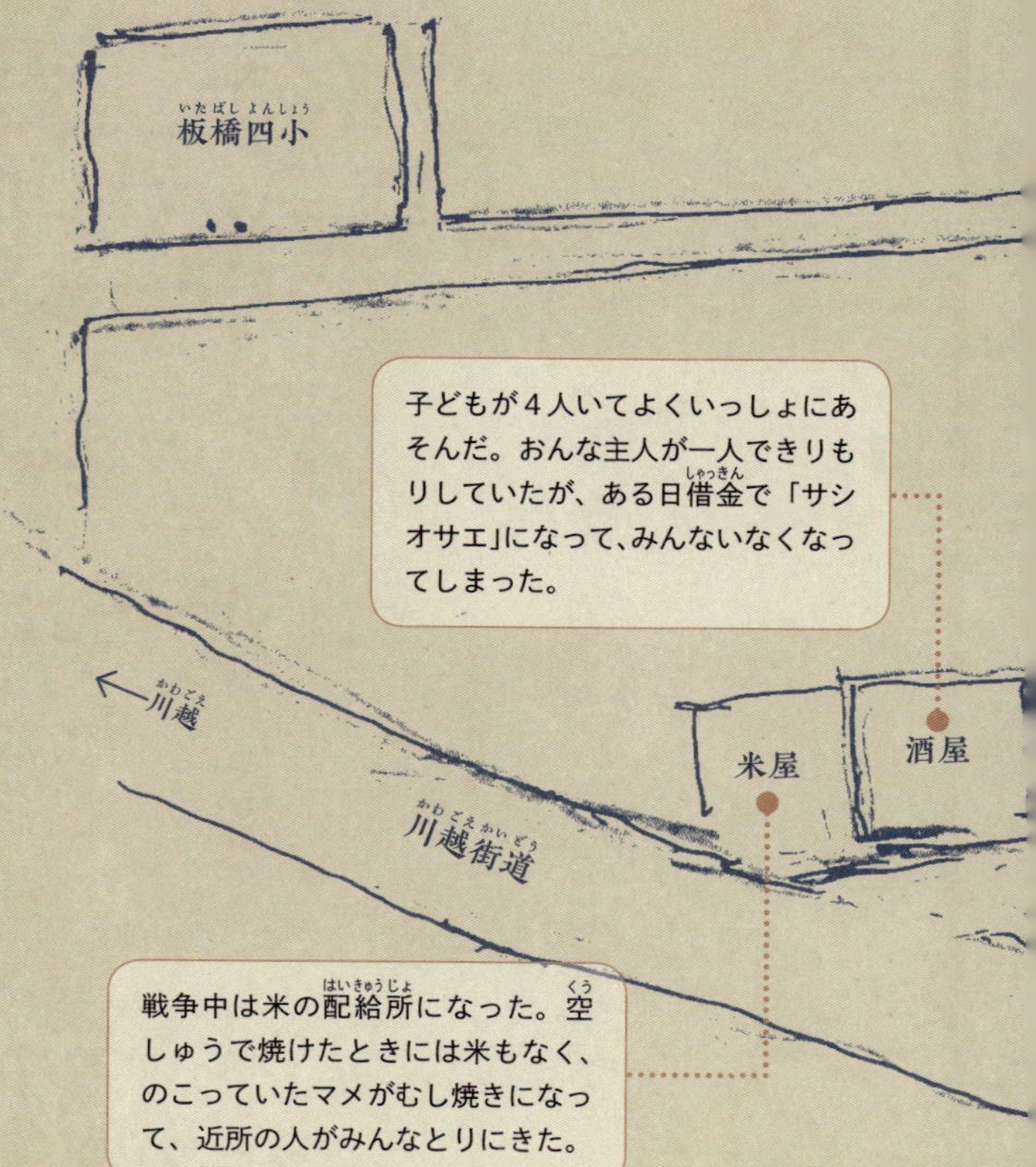

板橋四小《いたばしよんしょう》
子どもが４人いてよくいっしょにあそんだ。おんな主人が一人できりもりしていたが、ある日借金《しゃっきん》で「サシオサエ」になって、みんないなくなってしまった。
←川越《かわごえ》
米屋
酒屋
川越街道《かわごえかいどう》
戦争中は米の配給所《はいきゅうじょ》になった。空《くう》しゅうで焼けたときには米もなく、のこっていたマメがむし焼きになって、近所の人がみんなとりにきた。

# 第五学年

この大切な時の先生は、五、六と二年間教え導《みちび》いて下さった石田先生だ。この先生のことは一生涯忘れることの出来ない名残《なごり》の惜《お》しい先生である。

この時書いた綴方《つづりかた》をここにかかげよう。

**文題　石田先生**

千川《せんかわ》づつみの桜《さくら》も、今もはや開かんとしてい

恩師の顔
13.3.9
和漢文書

るこの四月、僕達《ぼくたち》は一年上の五年生に進級した。僕《ぼく》たち五年生の先生は石田先生である。

石田先生ときくとすぐにあの忠義《ちゅうぎ》な石田三成《いしだみつなり》*公《こう》を思い出す。又僕《またぼく》は第一小学校にいたときも石田先生という先生がいた。第一の石田先生も、やはり男の先生で背はあまり高くないがすこしふとっていた。

僕達《ぼくたち》の先生はせいが高い。僕《ぼく》たちはこの先生について一つの決心を胸にはりつめてりっぱな人になろう。

＊安土桃山時代《あづちももやまじだい》の武将《ぶしょう》。幼少の頃から豊臣秀吉《とよとみひでよし》に仕《つか》えた

綴方
石田先生

と、書いてある。僕《ぼく》はこれを見て笑い出す。まちがった字、しりきれトンボのような文。

夏休みが来た。夏休みの一週間、僕等《ぼくら》は豊島《とし》*園《えん》の林間学校ですごした。

僕《ぼく》の田舎《いなか》の川は「九頭竜川《くずりゅうがわ》」の上流の川だった。この川で水泳をならった。ようよう泳げるようになった時こっちへ来たものだから、川とプールでは水が流れているのと流れていないのとであるからよく泳げない。或《あ》る時《とき》などは水泳の術《すべ》をもうわすれたのではないかと考えたりし

ちゃんと泳げなかった頃、「飛びこめ」といわれて飛びこまずにいたら、先生にふんどしのひもをつかまれた。そうしたらひもがプツンと切れちゃって大変なことに。プールの中でさんざん苦労した。5年生ではもうふんどしじゃなく海水パンツだった。

＊東京・練馬《ねりま》区にある遊園地（124ページ参照）

た。そのうまく泳げなかったこともこの林間学校の一週間で全くどこでも泳げるようになった。

この年の六月に府会議員《ふかいぎいん》の総選挙があった。この時選挙粛正《せんきょしゅくせい》という題で綴方《つづりかた》をかき、もったいなくもかしこくも三重丸を頂《ちょう》だいした。

**文題　選挙粛正《せんきょしゅくせい》**

この間あった選挙は衆議院議員《しゅうぎいんぎいん》の総選挙でありましたが、今度の選挙は府会議員《ふかいぎいん》の選挙であります。税《ぜい》を納《おさ》めたり選挙をするのは公民《こうみん》の務《つとめ》来たものだから川とプールでは水が流れてゐるのと流れてゐないのとであるからよく泳げない。

或る時などは水泳の術をもうわすれたのではない…

であります。投票をする人はよく考えて適当《てきとう》だと信じた人を選び、又選ばれて議員となった人はよい政治をとり国のため尽《つ》くさなければなりません。

この選挙は級長選挙の大きなもののようなものであります。

あの人はえらいから当選するにきまっているから自分はもう投票しなくてもよいと思ったりして選挙権を棄《す》てるのは、国民にとってしてはならないことです。

遠い所へいっている人もどんな用があっても帰ってきて投票しなければならないことになっています。

世間では、いろいろのことで信用もしていない人に投票したり、あの人は私に物をくれたからあの人に投票しようなど考えたり、棄権《きけん》したりするのは国民にとって恥《は》ずかしいことで、国を悪くするのと同じことですし、棄権《きけん》は国の恥《はじ》です。

今度の選挙日は六月十日で国民にとってはわ

すれてならない日であります。

どうか此《こ》の日《ひ》をむねにきざんでおいてこの六月十日を忘れないようにしましょう。

かういう作文を作った。又選挙ポスターでメダルを頂《いただ》いた。絵で文で、僕《ぼく》は選挙粛正運動《せんきょしゅくせいうんどう》をした。

又例年の通り防災《ぼうさい》デーのポスターがある。そのポスターに出品してメダルをもらった。この五年生の時も優等賞をいただいた。


この選挙の作文は公式のものを書いただけ。多数決だけじゃなくて、なにかもっといいやり方があるんじゃないか、代表者がほんとうに代表になっているかどうかが問題だと、子どもなりにぐちゃぐちゃと考えてた気がします。

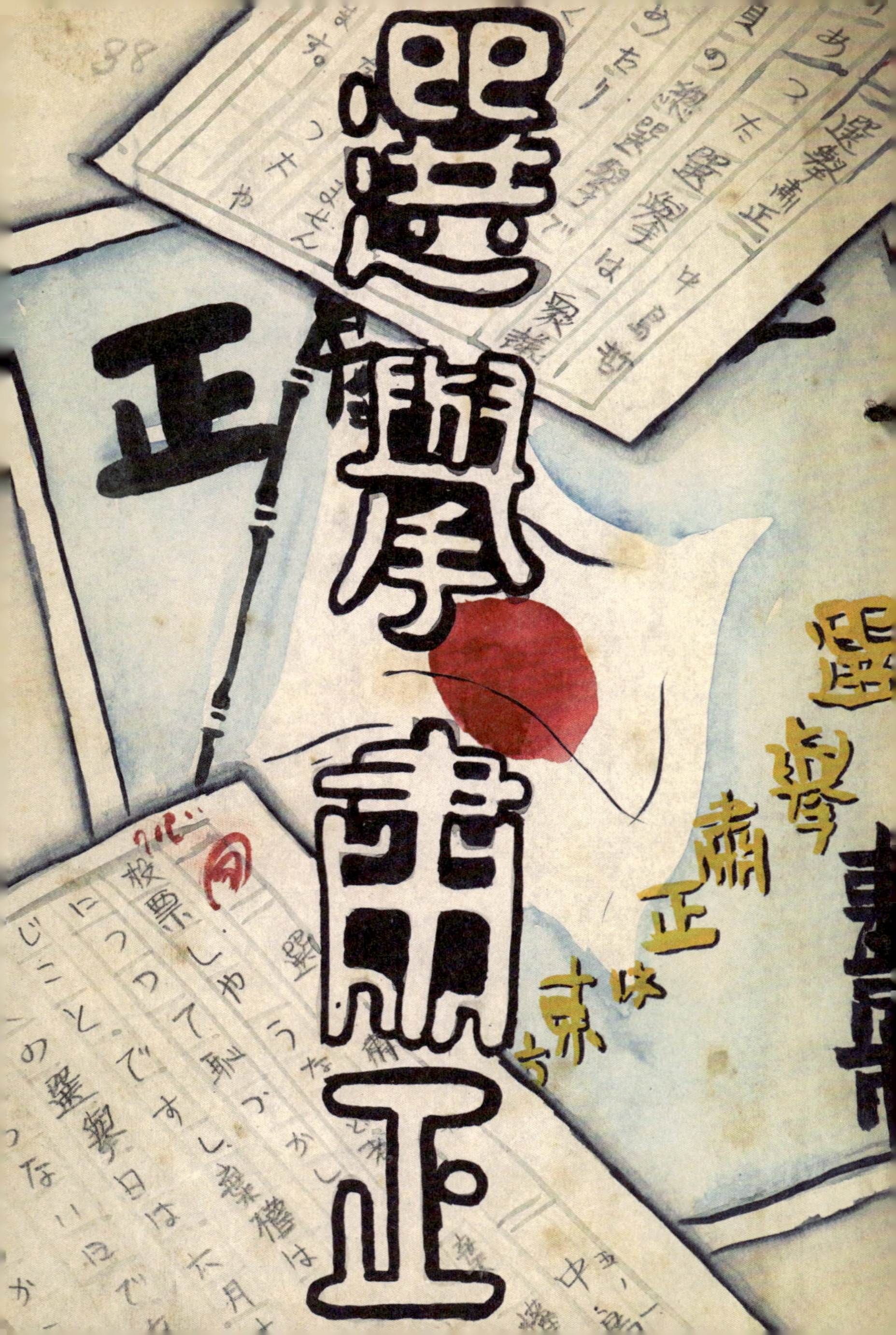
選擧肅正
正
選擧肅正は東方

## ―思い出聞き書き― **選挙**

当時は選挙粛正《せんきょしゅくせい》の時代でした。正しい選挙をやりましょうという運動を、小学校の子どもたちをも巻き込んでやっていたのです。選挙ポスターも授業で描《か》かされました。

選挙に行くと、会場で選挙に行った証明の札《ふだ》をくれました。親がもらってきた札《ふだ》を、生徒に紙に貼《は》らせて学校へ持って来させる。選挙に行ってない親だと札《ふだ》を持っていけないので、子どもが恥《はじ》をかく。それで親に選挙に行かせるのです。選挙に行かないのもひとつの意思表示だと思うのですが、行かないと国賊《こくぞく》みたいにいわれていました。戦争に向かって、だんだんとそんな空気になっていってたのだと思います。

## ―思い出聞き書き― 絵の指導《しどう》

四年生になったら、学校で絵の得意な生徒を放課後残して、絵の先生が指導《しどう》するようになりました。音楽もそうでしたが、美術教育にも学校が力を入れていたのです。三時ごろから一時間ぐらい残って描《か》いていたでしょうか。学校の窓からあたりをスケッチしたりすると「ここをこうしてみなさい」とか「ここがわるいね」とか教えてくれて、おもしろかったし、ありがたかったですね。

板橋全体でも、たまに休日にいろいろな学校から生徒が集まって、スケッチをさせて、その場で評価《ひょうか》するコンクールなんかをやってました。親父《おやじ》は、ぼくが絵を描《か》くのが好きだってことをあまり好《この》ましく思ってなかったんですよね。絵なん

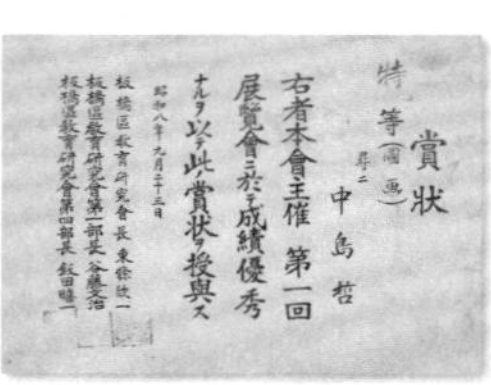

賞状
特等（図画）
尋二 中島哲
右者本會主催第一回
展覧會ニ於テ成績優秀
ナルヲ以テ此ノ賞状ヲ授與ス
昭和八年九月二十三日
板橋區教育研究會長
板橋區教育研究會第一部長
板橋區教育研究會第四部長

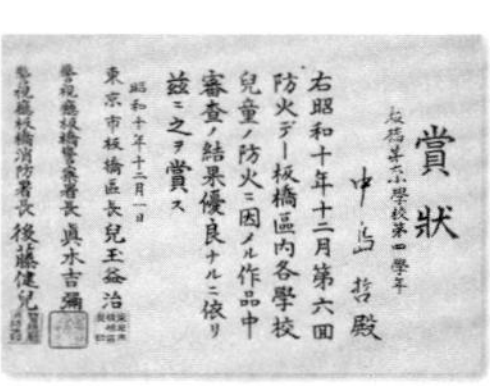

賞状
板橋第六小學校第四學年
中島哲殿
右昭和十年十二月第六回
防火デー板橋區内各學校
兒童ノ防火ニ因ノル作品中
審査ノ結果優良ナルニ依リ
茲ニ之ヲ賞ス
昭和十年十二月一日
東京市板橋區長 兒玉益治
警視廳板橋警察署長 眞木吉彌
警視廳板橋消防署長 後藤健兒

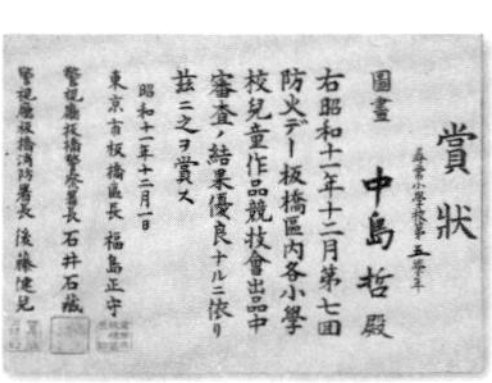

賞状
尋常小學校第五學年
圖畫
中島哲殿
右昭和十一年十二月第七回
防火デー板橋區内各小學
校兒童作品競技會出品中
審査ノ結果優良ナルニ依リ
茲ニ之ヲ賞ス
昭和十一年十二月一日
東京市板橋區長 福島正守
警視廳板橋警察署長 石井石藏
警視廳板橋消防署長 後藤健兒

かじゃ食えないといわれてましたから。学校で残って絵を描《か》くのも、コンクールなんかに出るのも、内心苦々《ないしんにがにが》しく思ってたんだろうけど、ぼくが賞をもらって帰ってきたりするもんだから、しょうがないなと思ってたんじゃないかな。

その小学校では、ほとんどの先生たちが油絵を描《か》いていました。新しい学校だったからでしょうか、ご自身の感性をのばすためなのかな、めずらしいですよね。それで春と夏に描《か》いた絵を並べて展覧会《てんらんかい》をするんです。ぼくの担任の先生も絵が好きでね。イカが二匹、目玉をぎょろっとさせている絵を描《か》いて飾《かざ》っていて、いかにもドロンとして「うまそうだ」ってぼくがいったら、えらい喜んでましたよ。

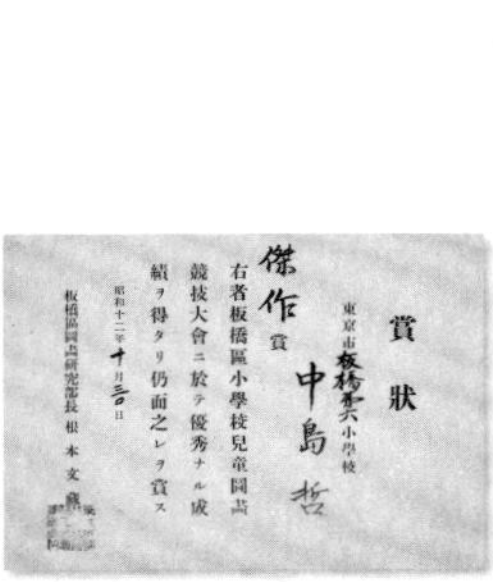
賞状
東京市板橋第六小學校
中島 哲
傑作賞
右者板橋區小學校兒童圖畫競技大會ニ於テ優秀ナル成績ヲ得タリ仍而之レヲ賞ス
昭和十二年十月
板橋區圖畫研究部長 根本文藏

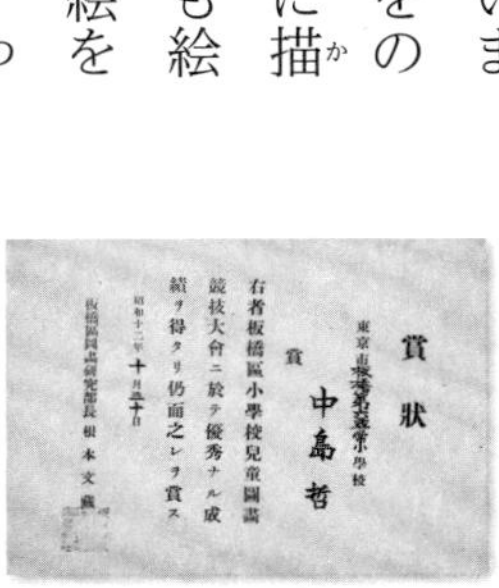
賞状
東京市板橋第六尋常小學校
中島 哲
賞
右者板橋區小學校兒童圖畫競技大會ニ於テ優秀ナル成績ヲ得タリ仍而之レヲ賞ス
昭和十二年十一月
板橋區圖畫研究部長 根本文藏

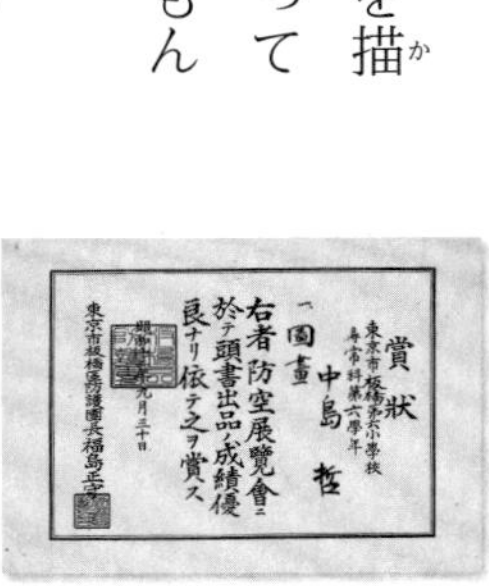
賞状
東京市板橋第六小學校
尋常科第六學年
中島 哲
一、圖畫
右者防空展覧會ニ於テ頭書出品ノ成績優良ナリ依テ之ヲ賞ス
九月三十日
東京市板橋區防護團長

さまざまなコンクールでとった賞の主な賞状、父が写真撮影して残してくれていた

## 受験組と働く組

五年のおしまいのころから、中学へ行く生徒だけの受験組というのができました。クラスの中の十九人だったかな、学校に残って勉強するんです。中学へ行くというのは当時はたいへんなことでした。中学に行かない人たちは小学校を出たら工業学校などへ行ったり、働きに行くんです。

小学校のときから家のために働いている子もいました。クラスにいつも遅刻《ちこく》をして学校へ来る子がいて、なぜいつも遅刻《ちこく》するのかなと思ってた。ある朝、用事をしに駅へ行ったら、その子が子ども用の小さい自転車にのって牛乳配達してるのを見たのです。その子が毎朝遅刻《ちこく》するものだから先生が強く怒《おこ》ったことがあって、あんまりひどい怒《おこ》り方《かた》だったもんで、ぼくは「先生、〇〇くんは朝、牛乳配達をしてるんだ。少し遅くなったって一所懸命《いっしょけんめい》やってるんだから」っていいました。その子はやっぱり中学へは行かず、卒業したら働きに行きました。

# 第六学年

六年間の最後の年、六年生の年が来た。故郷《こきょう》を出《い》てはや四年の年月が流れた。目をつむって考えてみると故郷《こきょう》の山「村国山《むらくにやま》」や「御《み》たけ山《さん》」「九頭竜川《くずりゅうがわ》」の急流など目の前に見えるような気がする。一郎君たちと雪合戦をして叱《しか》られたことなどが思い出される。

又今の友達を考えてみよう。文ちゃん、関根

受験組、5年の頃より近視だったが、受験写真を考えメガネをかけなかった

君、西澤君、高瀬君など六十余人の友達その名をかかげよう。

| 名 | アダ名 | スモウ名 |
|---|---|---|
| 瀬田文一郎 | ブンブク茶釜（文ちゃん） | 両国 |
| 僕 | ガンテツ（ガンテツ和尚） | 大潮 |
| 西澤優 | 雄弁小僧 | 新海 |
| 高瀬茂雄 | タコ（吸着ダコ） | 高登 |
| 関根隆一 | オセンベイ之守 | 磐石 |
| 佐藤銈一 | 黒星博士 | タドン山 |
| 成田善俉 | 針ガネ | 綾川 |

6年生ではけっこう勉強ができてたんだけど、クラスに地主《じぬし》の息子文《ぶん》ちゃんがいて、とっても頭がよく、ぼくはつねに2番手だった。でも1番ってあいさつとかいろいろやらされるから2番のほうがいいと思ってた。そのころからセカンド主義になった。

| | | |
|---|---|---|
| 松浦清逸 | 近眼チャボ | 松前山 |
| 松元保 | シャウゲンポ | 大邱山 |
| 山田保明 | 豆狸 | チビヶ嶽 |
| 川名哲夫 | 哲カミソ | 旭川 |
| 沢口弘 | サンマ（酋長） | 男女ノ川 |
| 小田部権兵 | 河童（オッタベゴンタベ<br>カツパノスケペンペン） | 光頭山 |
| 梯輝哉 | オヤシキのオ坊チャン | 抵抗山 |
| 高橋利昌 | タンクタンクロー（タンコロ人） | 玉錦 |
| 淀縄準一郎 | ヨードチンキ | 淀川 |
| 藤井享次 | ネコ（シマ、三毛猫） | 藤野里 |

| | | |
|---|---|---|
| 真下清 | 萬公御インキョサンターザン | 清水川 |
| 高桑三郎 | ピン子。ノーピン忍術猿飛 | 番神山 |
| 高桑久 | ノコノコ。ゼッペキ、忍術雲ガクレ | 大高山 |
| 本木吉一 | 長屋ノオカミサン、江戸ッ子ノ兄チャン | 武蔵山 |
| 久保正数 | ゴリラ。ブルレンタイチョウ | 鏡岩 |
| 長瀬政義 | ホテイノ長チャン、オッカチャン | 長井川 |
| 絹山正雄 | オトッチャン、絹子 | 能代潟 |
| 鳥居睦 | チンパージン（エノケン二代目） | 陸奥錦 |
| 湯本信寛 | エノケン | 百面相 |
| 簗本一郎 | 野狐 | 綾昇 |

| | | |
|---|---|---|
| 人見伸 | 乙女 | 乙女川 |
| 横山元大 | 元ちゃん、元大（ゲンダイ） | フンドシカツギ |
| 細見一男 | 流線型凸山氏 | 小出羽嶽 |
| 佐竹友三郎 | 友焼 | 巴潟 |
| 岸澤清 | デッドボール | 錦洋 |
| 鈴木誠一 | ナンナ | 大野里 |
| 大久保明 | 大久保彦佐 | 筑波嶺 |
| 若林芳信 | コーチン | 天龍 |
| 伊藤久市 | 石頭 | 出羽ノ花 |
| 藤原守明 | カマタリ、モウロク仙人 | 和歌島 |

| | | |
|---|---|---|
| 中村税吉 | ゼイキチちゃん | 錦華山 |
| 野口英哲 | 野口英世 | 出羽湊 |
| 平井英一 | 平井権八 | 太刀若 |
| 義田才蔵 | 忍術才蔵 | 大の里 |
| 林敏春 | 皮靴 | 笠置山 |
| 高橋幾久雄 | ガスデブ（空気デブ） | 海光山 |
| 鮫澤資郎 | 青鮫（インチキ病） | 九州山 |
| 新井敏彦 | ブタ（新態） | 春日野 |
| 早野善重 | ホソ目 | 前田山 |
| 田中繁 | クラゲ | 山錦 |

当時は相撲熱《すもうねつ》がさかんで、たがいに「スモウ名」をつけあってた。駄菓子屋《だがしや》では、相撲《すもう》カードや、お相撲《すもう》さん形をしためんこも売っていて大人気。それぞれひいきがあって、戦わせて、取ったり取られたりしてた。双葉山《ふたばやま》というたいへん強い力士がいて人気だった。

| | | |
|---|---|---|
| 佐藤次郎 | 弥次喜多ジンジロベエ | 大和錦 |
| 前島義雄 | 名なしのゴンベイ | 肥州山 |
| 毛利元明 | 毛利元大祐 | 玉碇 |
| 正田栄行 | 棒フリケンジュツ | 常ノ花 |
| 高輪壮一 | ヨネ吉チャン | 富ノ山 |
| 長谷川晃 | 長谷川横佐ェ門（第二泣虫） | 幡瀬川 |
| 山口保 | 第一泣虫 | 双葉山 |
| 内田喜一 | 大ヤウ | 桂川 |
| 河内進一 | 梅干 | 倭岩 |
| 細川重雄 | 赤目の勉吉 | 信夫山 |

1930年代の相撲カード

| | | |
|---|---|---|
| 長瀬要 | 中学校（ツーウガッコウ） | 大八洲 |
| 本橋貞男 | フンドシ | 土州山 |
| 河野宗義 | 弓大将 | 倭錦 |

と上げてみると六十余人全部アダ名とスモウ名がついている。

春の遠足だ。横須賀《よこすか》もおもしろかったがその前日もおもしろい。

**文題　遠足の前日**

若葉もすくすくとのび、緑の葉も暑い初夏の日にあたって光り輝いている。

今日は五月九日、ラジオの音楽に目がさめた。お父さんは庭で植木に水をやっていらっしゃる。ねむい目をこすりこすり起きあがった。初夏というけれどもまだ身にしみる。もう

一度ふとんの中へもぐりこもうとした時
「チリチリチリ。」

と門をあけて誰《だれ》かがいらっしゃった。

来た人はお父さんと何か話していた。

しばらくすると姉さんが
「英《えい》ちゃんがいらっしゃったよ。」

とおっしゃった。

（中略《ちゅうりゃく》）

「哲《さとし》ちゃんつりにいかないか。」

「だって明日は遠足なんだもの。横須賀《よこすか》へいく

父の友人の息子さん。

45

川向ふの沼でつることは
した。
兄さんがなまずの子を
つった。
英ちゃんが
「今日はつれないなあ」。
だが大きい鮒を……

んだぜ。」

僕《ぼく》はいきたかったけれども明日の遠足のことが頭にあって行くきになれなかった。が、とうとういくことにきめた。

（中略《ちゅうりゃく》）

川向こうの沼《ぬま》でつることにした。兄さんがなまずの子をつった。

英《えい》ちゃんが

「今日はつれないなあ。」

だが大きい鮒《ふな》をつった。

「大山*ー大山ー。」

という駅夫《えきふ》のこえ。

「ああ、とうとうかえってきた。」

と思った。

その夜は、あすも今日のようなよい天気であるようにと、念《ねん》じながら床《とこ》についた。たのしい遠足の夢《ゆめ》を見ながら。

と書いてある。

夏だ。豊島園《としまえん》へ林間学校へ、昨年はプールで一生懸命《いっしょうけんめい》泳いだ。が、今年は入学試験があるか

＊当時の自宅の最寄《もよ》り駅《えき》

ら遊ぶ時間は二時間ばかり。深緑青草《しんりょくあおくさ》の中で声高くして勉強する心もちのよさ。無限《むげん》の大宇宙をながめてひるね、広い大海をおもわせるプールでゆうゆうと泳ぐ楽しい一週間も、すんでからが大へんだ。一日算術《さんじゅつ》三百余題《よだい》、書取り七百余字《よじ》、頭にはちまきで一生けんめい、宿題をようやく終わったのは、八月の三十と一日。明日は二学期と用意してねた。

だ。
豊島園へ、林間學
校へ
昨年はプールで
一生懸命泳いだ。
今年は入學試
験があるから
遊ぶ時間は……

しかしこの頃は日支《にっし》*1の間《あいだ》悪《わる》く、極東《きょくとう》の風雲《ふううん》急をつげる時、ろこう*2橋事件《きょうじけん》が重大化し、広大化していまや世界の戦争となった。

破竹《はちく》のような勢《いきおい》皇軍《こうぐん》*3の向かうところ敵《てき》なし。

忘れもしない十二月の二十四日に南京《ナンキン》はついに落ちた。この喜びをすぐに祝賀《しゅくが》大旗行列《おおはたぎょうれつ》へ。

十一月のはじめ、僕等《ぼくら》六年二百余名《よめい》は参宮《さんぐう》の途《と》へ上がった。この日記をここへかかげよう。

我等《われら》一行《いっこう》を乗せた汽車は濃尾平野《のうびへいや》をひた走り

旗行列《はたぎょうれつ》は明治神宮《めいじじんぐう》や近くの氏神《うじがみ》さまへ行った。11月には伊勢神宮《いせじんぐう》へ。これは卒業記念の関西旅行で、8時間どころじゃなく、ずいぶん長い時間汽車に乗ったなぁ。

＊1日本と中国とのこと　＊2盧溝橋事件。北京《ペキン》の南西郊外にある盧溝橋付近で1937年7月7日夜に始まった日中両軍の衝突《しょうとつ》事件　＊3天皇が統率《とうそつ》する軍隊

支那事變

南京占據
旗行列

に走る。時々にカーキ色の服をきた稲藁《いなわら》の束《たば》が並《なら》んでいる。

遠くに黒い肌《はだ》を見せているのは鈴鹿山脈《すずかさんみゃく》であろう。まだおりおりカーキ色の兵隊《へいたい》が見える。

山田駅についた。一夜を宇仁館《うにかん》*にすごし夫婦《めおと》岩《いわ》を見物しにいった。大変りっぱだったが岩の小さいのには少し案外だった。

バスに乗って内宮《ないくう》へ。下車してあたりの様子《ようす》を見ると、如何《いか》にも神地《しんち》らしく静まりかえっている。

同じカーキ色だったので、稲わらを兵隊《へいたい》にたとえたんだね。

＊伊勢《いせ》で泊《と》まった旅館

宇治橋《うじばし》を渡っていよいよ神域《しんいき》に入る。きれいにしきつめた玉砂利《たまじゃり》をふむ音がざくざくひびくだけで話声一つしない。

少しして五十鈴川《いすずがわ》の清流で口をすすぎ、何千年経ったか想像もつかない程《ほど》の大木。仰《あお》いでも空も見えないまで枝を交《まじ》えている。森厳《しんげん》な参道《さんどう》を二町位歩《にちょうくらいある》き、＊皇大神宮拝殿《こうたいじんぐうはいでん》の御前《ごぜん》に進み謹《つつし》んで皇室《こうしつ》のいや栄《さか》をお祈りした。

これはほんの日記の一部である。

＊1町《ちょう》は約109メートル

それから十一月の三十日の日、僕は板橋区書道展覧会《てんらんかい》へ行きその場で書きその場でお点をつけ、僕《ぼく》はケッサク賞という名で五名の中の一人にえらばれた。いままでもらった賞品をかぞえて見ると、防災デー、手工、図画など数十個などない十数個ある。

日支《にっし》の風雲《ふううん》急をつげるあわただしい時にうれしい喜びのニュース、それは僕《ぼく》が府立第九中学校へ入学を許されたということである。過去六年間、苦しい悲しい思いをして勉強をしたのは、今日の栄冠《えいかん》を得るためだった。その甲斐《かい》あってきょうの月桂樹《げっけいじゅ》を得ることが出来た。今や僕《ぼく》たちは、社会への第一歩を占《し》めているのである。

故郷《こきょう》を出るとき僕《ぼく》は友にむかってこういった。「僕《ぼく》は今皆《みな》とわかれます。しかしまたきっとあうことが出来ると信じます。再び僕《ぼく》と会う日には自分が望んでいるものになって、りっぱな人となって会いましょう。」

こういって故郷を出て来たのだ。

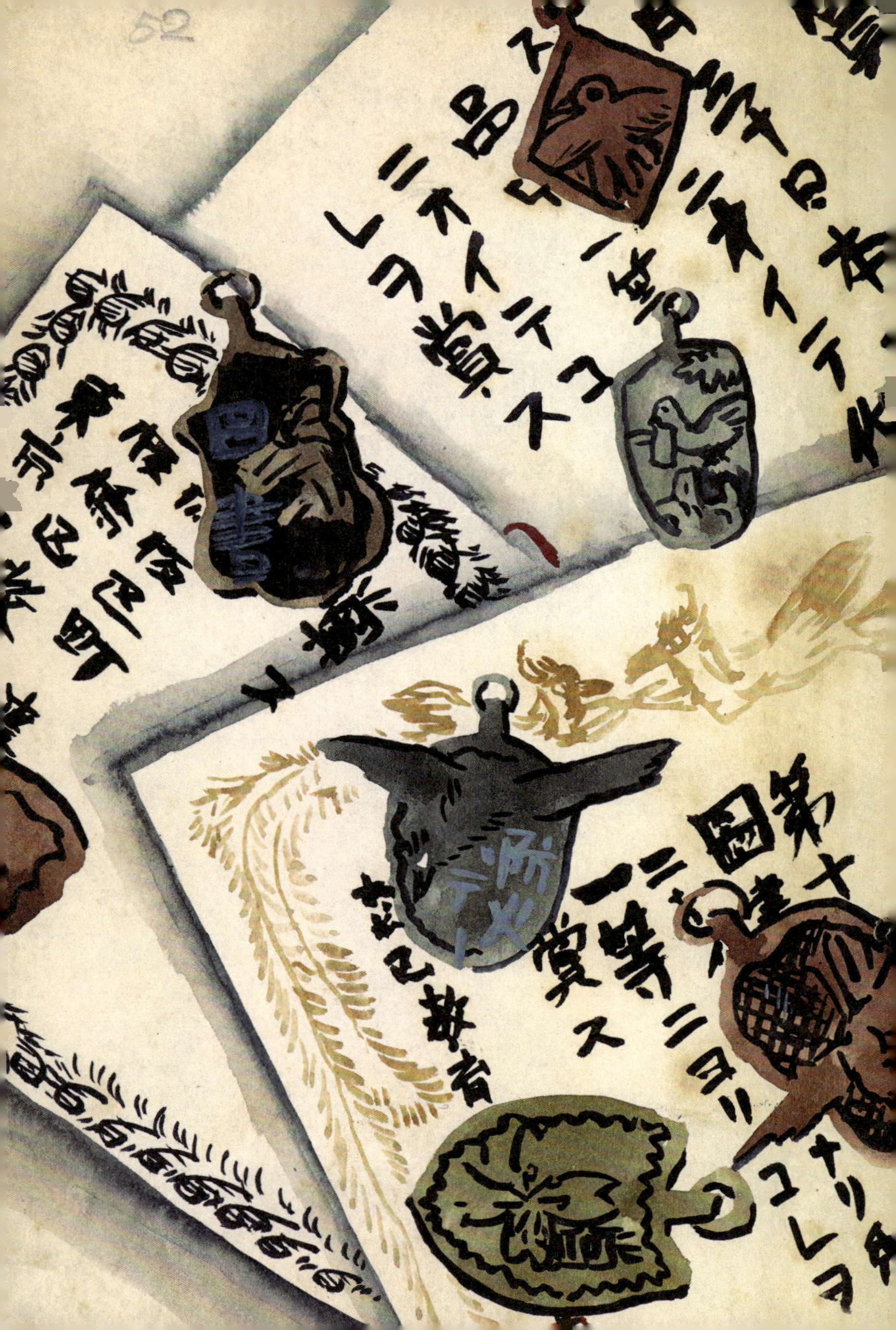

試験に

今年の正月に母がいわれた。

「今年は虎年《とらどし》で哲《さとし》も兄ちゃんも当り年だよ。当り年という年はよいことがあればとびきりよいことがあって、悪いことがあれば大変わるいことがある。だから哲《さとし》も兄ちゃんも一生懸命《いっしょうけんめい》やってよいことがあるようにしなさい。」と。

又、父が入学できた時いわれた。

「哲《さとし》はえらい。四人の中の一人となってやったんだもの。だが哲《さとし》よくきけ。四人の中の一人が喜んでいる。が、あとの三人はどうしているだろう。きっとくやし涙《なみだ》を流しているにちがいない。そのないている三人分と自分の分とを入学した人はやらなければいけない。いいか小学校はまだよかったが、中学になると大へんだぞ。漢文《かんぶん》はある代数《だいすう》はある英語はある幾何《きか》がある。だが哲《さとし》は幸《さいわ》いに兄ちゃんや綾《あや》ちゃんがいるからな。そして哲《さとし》にいったことだけは心にとめ、かならずしっかりやってくれ。わしがいくら哲《さとし》の博士姿《はかせすがた》を見ようと思ってもだめだ。哲《さとし》が博士《はかせ》になった時は、きっとわしのはかばへいってきてくれ。」

とねんごろに諭《さと》された。

そうだ。今年は僕《ぼく》の当《あた》り年《どし》だ。化学博士《かがくはかせ》という目的をめざし、友と約束したことと、父母の教えを胸にとめ勢《いきおい》よく進んでいこう。

※以上が文集「過去六年間を顧《かえり》みて」の全容です。

6年生のころにはもう飛行機の模型作《もけいづく》りをやってて、「飛行少年」になりはじめてた。いろんな資料をあつめてね。それが中学に入ってからどんどん夢中《むちゅう》になっていきました。

## ―思い出聞き書き― 豊島園《としまえん》

五、六年生の夏休みは豊島園《としまえん》へ林間学校に行きました。全員だったのか希望者だけだったのかわからないけれど一週間ぐらいだったと思います。でも、女子のクラスもいっしょだったのでうれしかった。りっぱな場所に泊《と》まった記憶はないので、テントを張《は》って寝泊《ねと》まりしたんじゃないかな。当時の豊島園《としまえん》は今とはちがって、もっと自然がたくさんあったんですよ。

一応、かっこうとしては夏休み帳なんかをやって、終われば自由時間。プールで泳いだ

り、どっかへもぐりこんでいって虫をとったりしました。ウォーターシュートっていう、乗った舟ごと水にバシャーンってすべり落ちていく乗りものがあって、それに乗りたくてしょうがなかったけど、お金がかかるから乗れなかった。

五年生ではいっぱい遊んだけど、六年生では受験があるから林間学校でも勉強をしなくちゃいけない。だけど園の中では流行歌がばんばんかかってて、気が散ってそれどころじゃありませんでした。

当時の豊島園（1926年開業の東京の練馬区にある遊園地）のようす。ウオーターシュート（右ページ）がよびものであり、プールも人気だった。海水パンツとふんどしの子が交ざっている。

## ―思い出聞き書き― 受験

学校に残ってやった受験勉強は自習みたいなもので、どこかの会社が作ったプリントをやって、一週間後かなんかに点数表がもどってきて、自分のレベルがわかるようになっていた。その会社の営業の人が取りに来るんです。プリントには「おらが勉強」とか何とか名前がついていたのでその人が来るとみんな「〝おらが〟が来たぞー」なんていってました。当時、東京は東京府。府立中学が第一番目だったので、「府立に入らなくっちゃ」と一所懸命《いっしょけんめい》やりました。

入学試験の合格発表《ごうかくはっぴょう》は親が見に行って、学校へ連絡くれることになっていました。連絡が入ると給仕《きゅうじ》さんが教室にやってきて「○○くんが合格《ごうかく》しました」って報告しに来る。ぼくはいつまでたっても連絡が来なくて、もうだめかなと思ったら最後になってやっと来た。親父《おやじ》が見に行ってくれてたんだけど、公衆電話《こうしゅうでんわ》しかないから、かける人が列を作ってて遅くなったらしい。ようやくセーフでした。

## ―思い出聞き書き― 謝恩会《しゃおんかい》

卒業式のあとに謝恩会《しゃおんかい》をやりました。何人か歌を歌う生徒がいて、「おまえも何かやれ」っていわれたので、ぼくは一枚の絵でお話を披露《ひろう》したんです。「おさるのおしりはなぜ赤いか？」という話。

実は中学受験のときに、巣鴨中学校《すがもちゅうがっこう》という近くの中学で予備考査《よびこうさ》のようなものがあって、ぼくたち生徒たちが待っている間に巣鴨中学《すがもちゅうがく》の先生がしてくれた話が、非常におもしろくてね。さるかに合戦《がっせん》の後日談《ごじつだん》みたいなもので、さるがおもちをついてのばしてたら、カニがぷつんともちを切り、切ったおもちがおしりにくっついて赤くなったっていう。その話をいただいちゃって、大きな画用紙におさるがおしりを指さしている絵を描いて、みんなに見せながら話をしました。

終わったら音楽の先生がぼくのところへ来て、「君は絵がうまいから、絵のほうに行けよ」っていってくれた。その絵はもう焼けちゃってありませんけど。

# 中島哲《なかじまさとし》＋主なできごと 年表（大正15年〜昭和20年）

| | 中島哲のできごと | 主なできごと |
|---|---|---|
| 1926年（大正15） | 3月31日、福井県今立郡国高村村国（旧武生市、現越前市）の大同肥料株式会社の社宅で、父顕誠、母トミの次男として生まれる。本名哲。十二歳年上の兄、三歳年上の姉の五人家族。 | 12月25日、大正天皇崩御。昭和と改元。 |
| 1927年（昭和2） | | 3月、アメリカの児童から日本の児童へ「青い目のお人形」が贈られる。12月、初の地下鉄（浅草－上野間）開通。 |
| 1928年（昭和3） | | ラジオで大相撲の実況放送、ラジオ体操が開始。 |
| 1930年（昭和5） | | 紙芝居に『黄金バット』登場。 |
| 1931年（昭和6） | **幼稚園** 引接寺境内の丈生幼稚園に入園。幼稚園までは家から2キロも歩いていった。武生駅裏へ転居。 | 9月、満州事変勃発。「のらくろ二等卒」が『少年倶楽部』で連載開始。 |
| 1932年（昭和7） | **小学校1年** 武生東尋常小学校（現武生東小学校）に入学。鯖江の連隊を駅で見送る。 | 1月、第一次上海事変勃発。 |
| 1933年（昭和8） | **小学校2年** 6月10日、東京・板橋に転居。東京府東京市板橋第一尋常小学校に転校。 | 3月、日本が国際連盟脱退。12月、皇太子明仁誕生。新「小学校国語読本」（サクラ読本）の使用開始。 |
| 1934年（昭和9） | **小学校3年** 納豆を売って、飢饉で大変な東北へお金を送る。 | 東北地方大凶作。 |
| 1935年（昭和10） | **小学校4年** 春の遠足で奥多摩へ行く。夏休みのあとに転居し、東京府東京市板橋第四尋常小学校に転校。 | |

| | | |
|---|---|---|
| 1936年（昭和11） | 小学校5年　二・二六事件を姉から聞いて知る。夏休みの一週間を豊島園の林間学校ですごす。 | 2月、二・二六事件。「怪人二十面相」が『少年倶楽部』で連載開始。 |
| 1937年（昭和12） | 小学校6年　春の遠足で横須賀へ行く。夏休みの一週間を豊島園の林間学校ですごす。11月に伊勢神宮へ卒業旅行に行く。 | 7月、日中戦争開始。11月、南京占領。 |
| 1938年（昭和13） | 中学校1年　東京府立第九中学校に入学。 | 4月、国家総動員法公布。6月、勤労動員がはじまる。陶製の鍋など代用品が出回るようになる。 |
| 1939年（昭和14） | 中学校2年　飛行機に乗る航空士官を志す。 | 7月、国民徴用令公布。9月、ドイツがポーランドへ進攻し第二次世界大戦開始。 |
| 1940年（昭和15） | | 9月、日独伊三国同盟締結。11月、大日本帝国国民服令交付。大都市で米や味噌の切符制を実施。 |
| 1941年（昭和16） | 中学校4年　視力検査で陸軍士官学校を受けるための視力がないことがわかり、技術者を目指すことにする。 | 12月、日本軍が真珠湾攻撃を開始し、太平洋戦争がはじまる。 |
| 1943年（昭和18） | 高校1年　東京府武蔵野町の成蹊高等学校に入学。 | 6月、勤労動員命令で学徒は軍需生産に従事することを規定。9月、イタリア軍が無条件降伏。上野動物園で猛獣を毒殺。 |
| 1944年（昭和19） | 高校2年　軍需工場に動員されるようになり、工場の寮で暮らす。 | 建物疎開を命令。学童の集団疎開がはじまる。 |
| 1945年（昭和20） | 大学1年生　2月に兄が結核で死去。東京帝国大学工学部応用化学科に入学し、大田区蓮沼に寄宿。4月に自宅が焼失。防空壕の荷物を大八車で川越に運び、その荷物の中に本日記が入っていた。疎開先の三重県で終戦を迎える。 | 5月、ドイツ軍が無条件降伏。8月に広島・長崎に原爆投下。8月15日第二次世界大戦終戦。 |

# 「過去六年間を顧《かえり》みて」全容

文章は原稿用紙、絵はマス目のない用紙に描かれている。57見開き目の後には付録《ふろく》のように紙焼き写真を貼《は》った賞《しょう》状類《じょうるい》のページが続く。全てを二つ折りにして重ね、硬《かた》い用紙で表紙と裏表紙をつけ、ひもで綴《と》じてある。

表紙

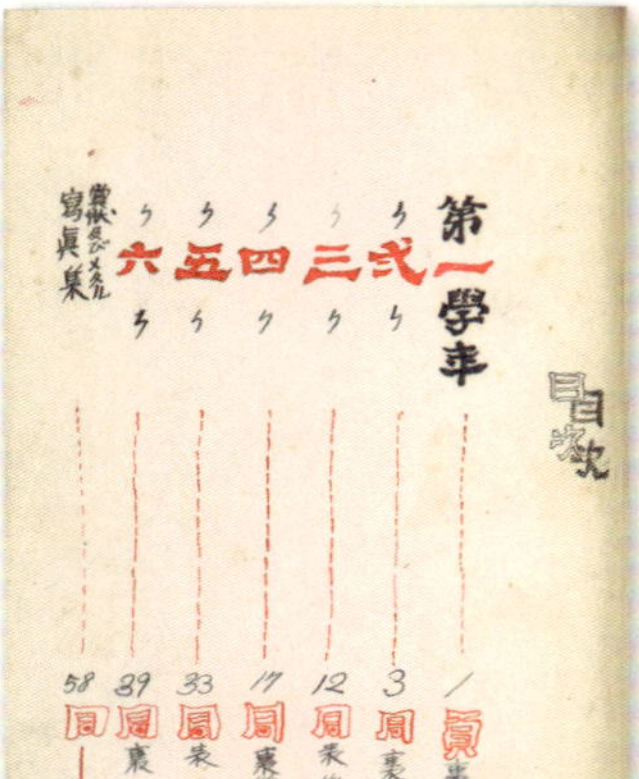


目次

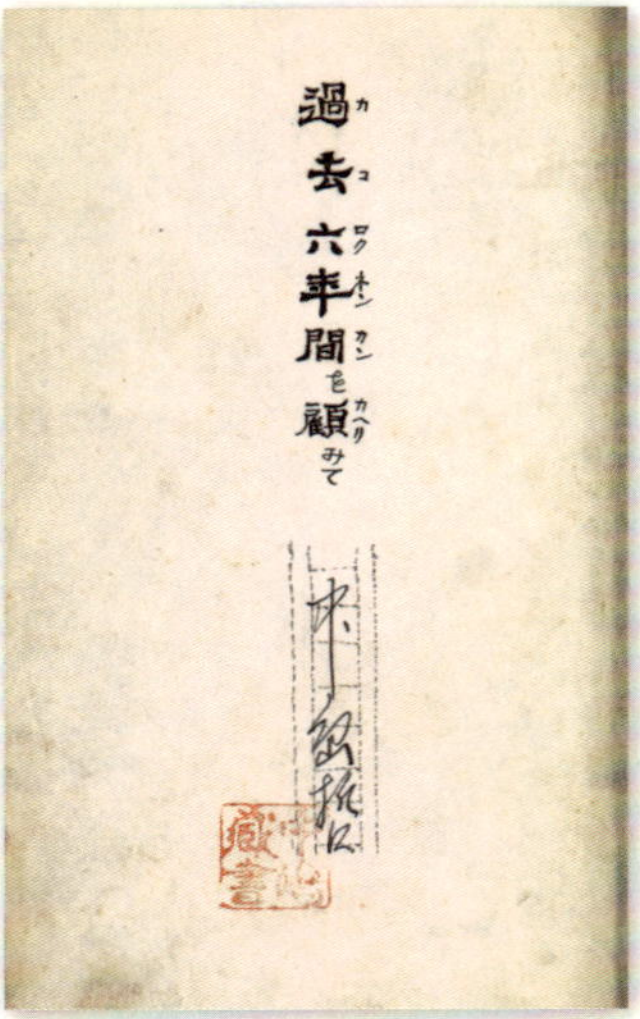


扉

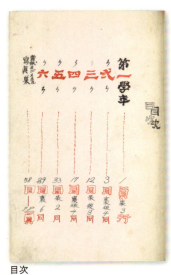

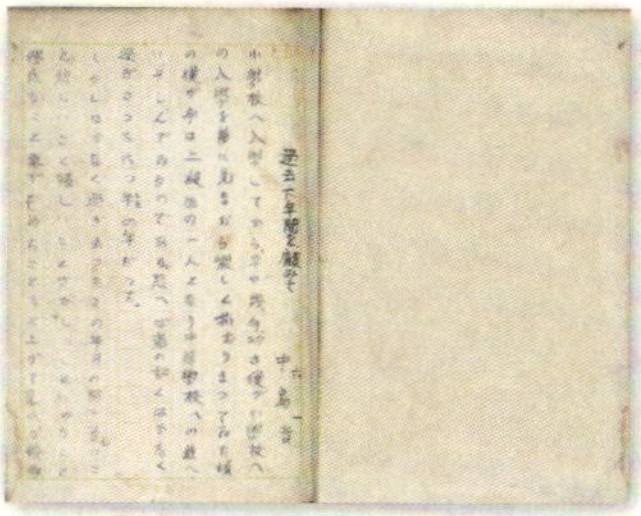

1

2

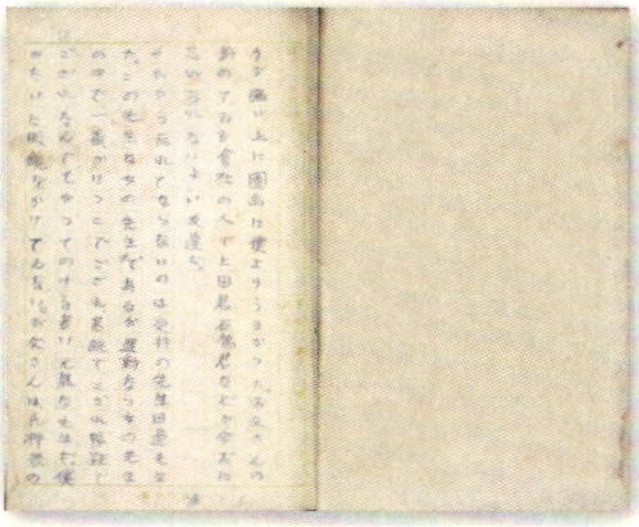

3

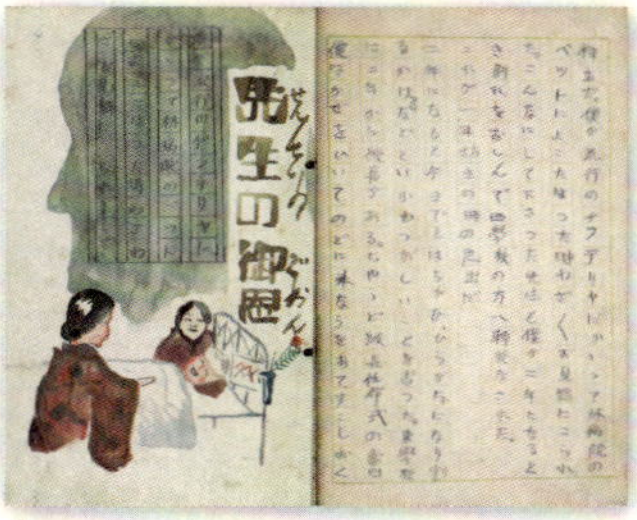

4

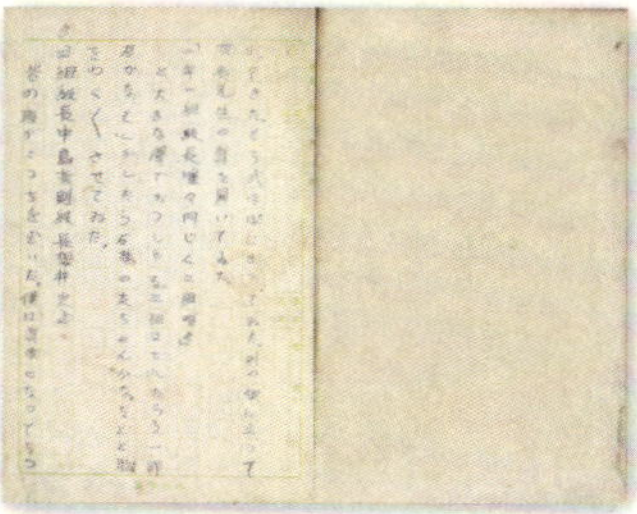

5

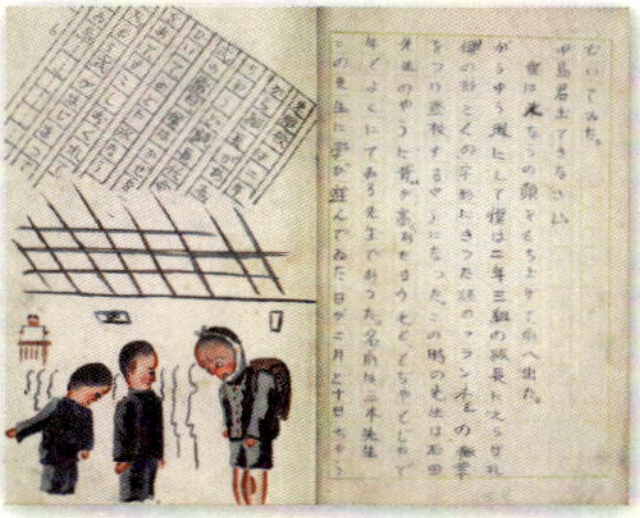

6

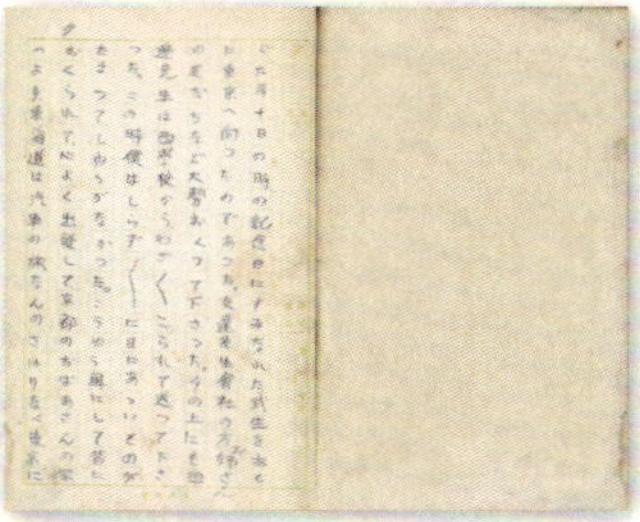

7

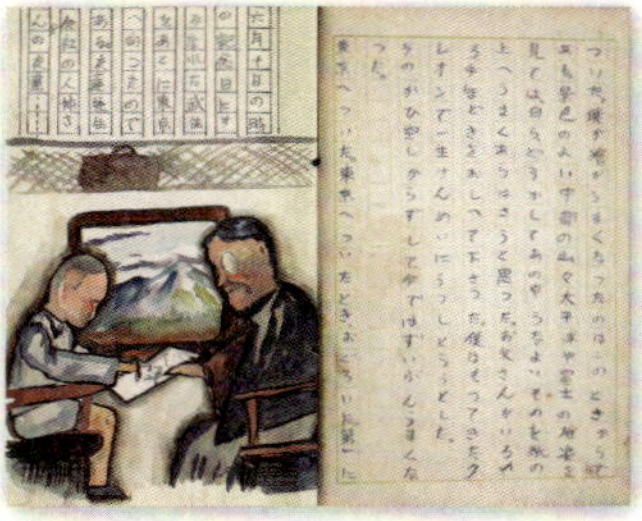

8

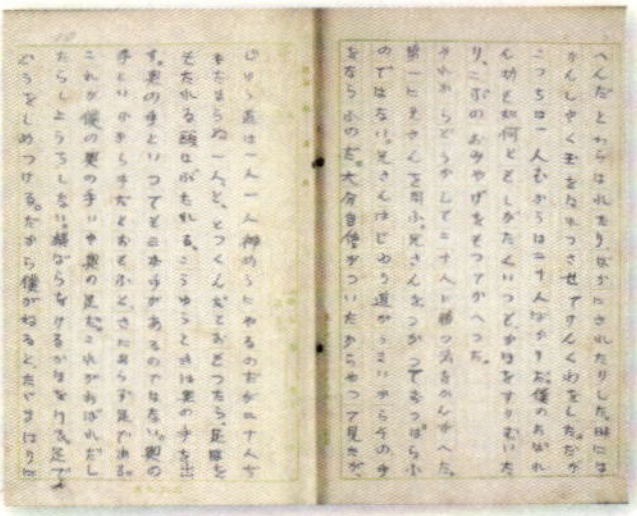

10

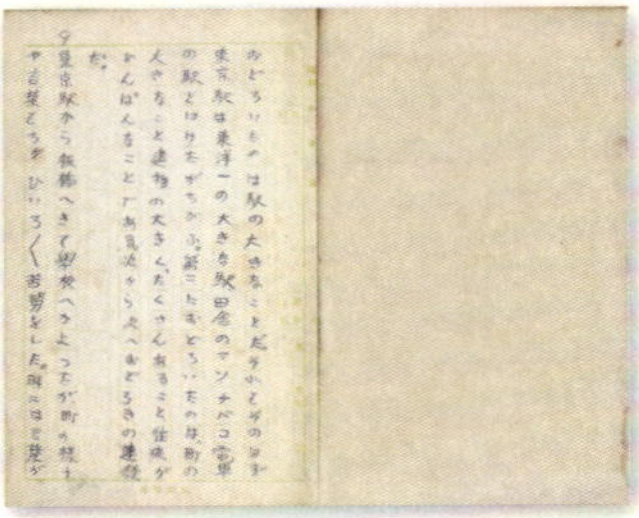

9

あうまつて見てゐる。
それからよく研究した。一つの術を考へた。これは忍
術をもちひた。第一の運動場は廣いから逃げるのに
都合がよい。先づ灰を用ひた。これはごくこまかいの
をとつた。さうしないと、自分の目に入るからである。
灰とどろ、これは前の松山の赤土がかはいて細くな
つたのを石でつぶしてまぜた。なるべく敵をちかづ
けそれをなげつけ、敵が
あひ
二つの術を
考へた。これ
は忍術だ。第一
の運動場は廣い
から逃げるのに都
合がよい。先づ灰を
もちひた。これはご
くこまかい……


11

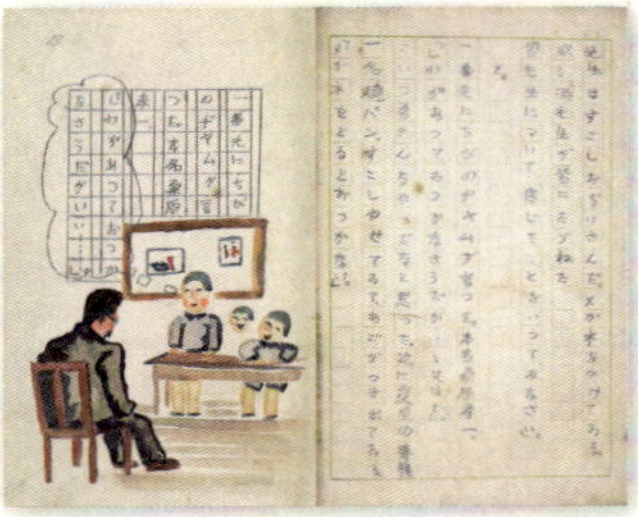

13

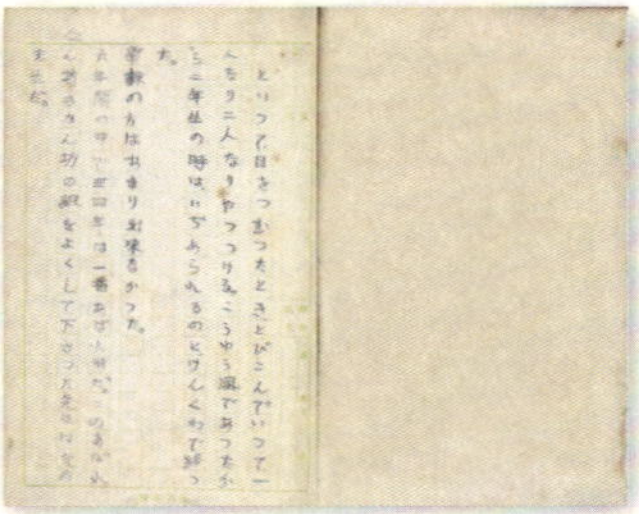

12

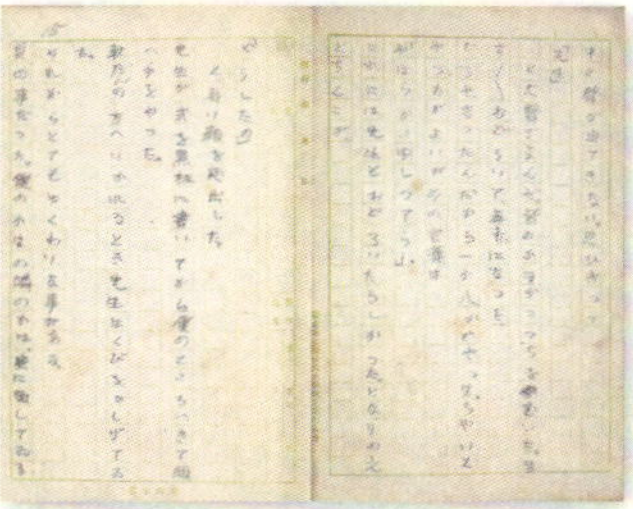

15

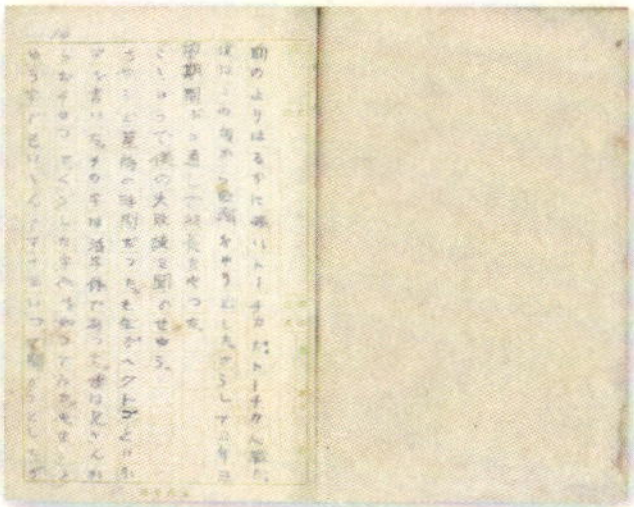

14

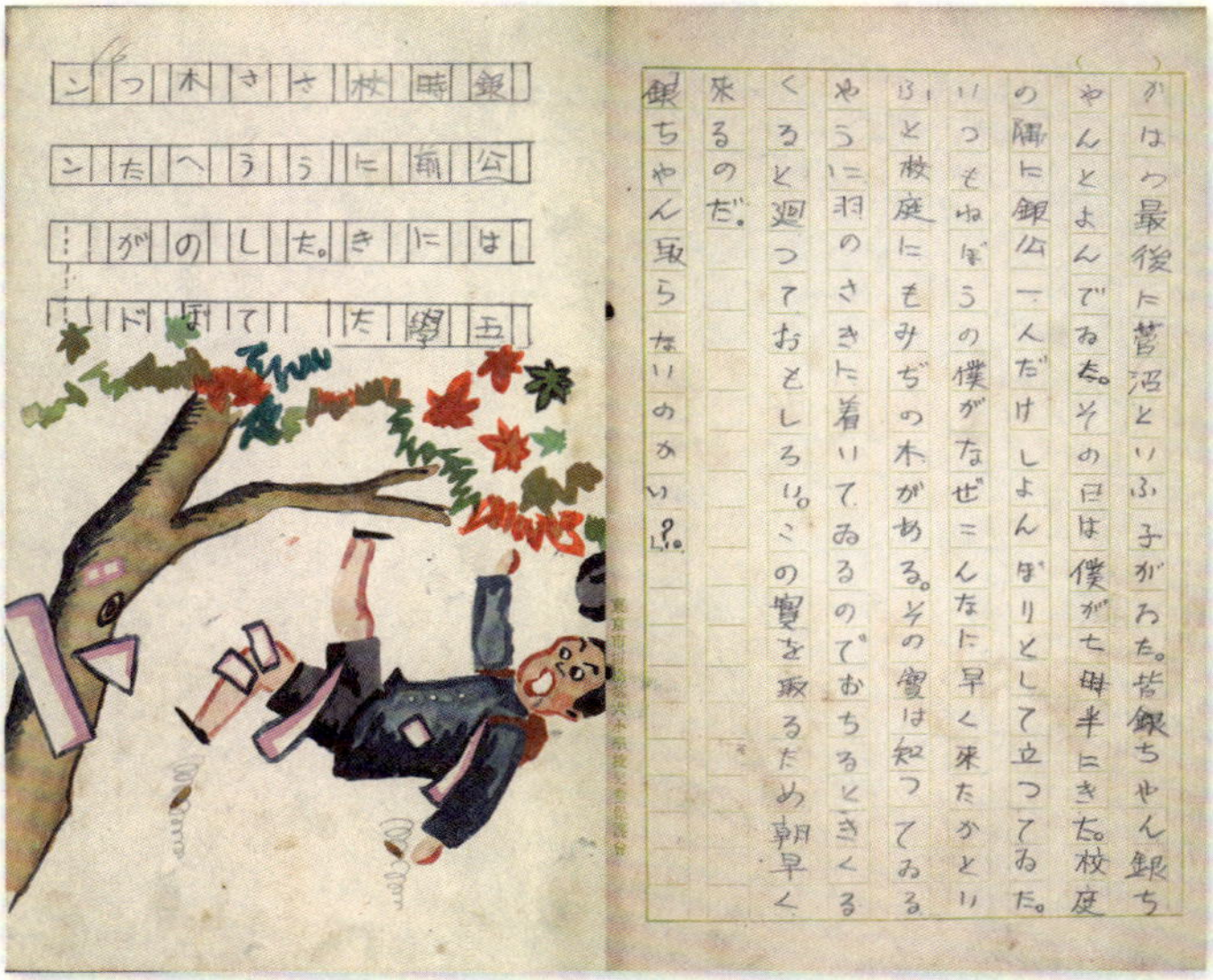

かはつ最後に菅沼といふ子がゐた。若銀ちゃん銀ちやんとよんでゐた。その日は僕が七時半にきた。校庭の隅に銀公一人だけしよんぼりとして立つてゐた。いつもねぼうの僕がなぜこんなに早く来たかといふと校庭にもみぢの木がある。その實は知つてゐるやうに羽のさきに着いてゐるのでおちるときくるくると廻つておもしろい。この實を取るため朝早く来るのだ。

銀ちゃん取らないのかい?。

銀公は五時前に學校にきた。さうた。さうして木へのぼつたがドンン!!

16

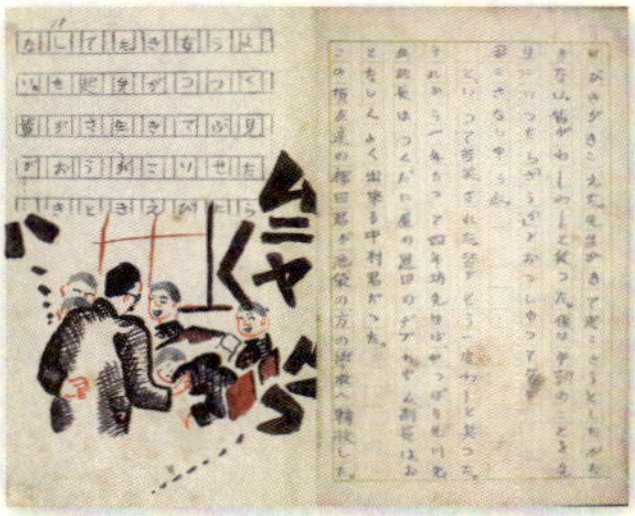

18

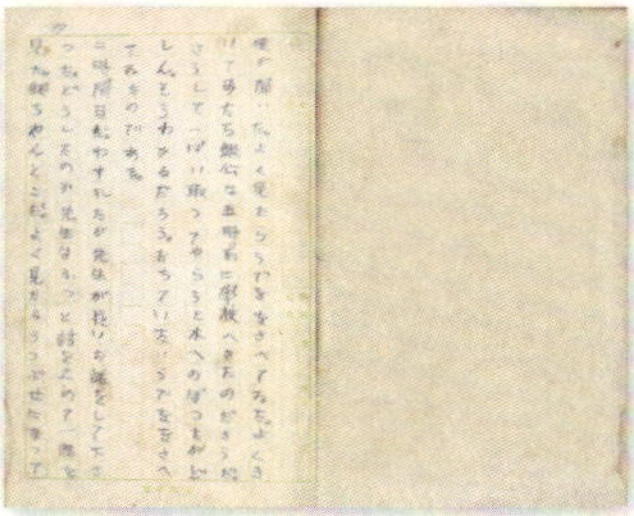

17

20

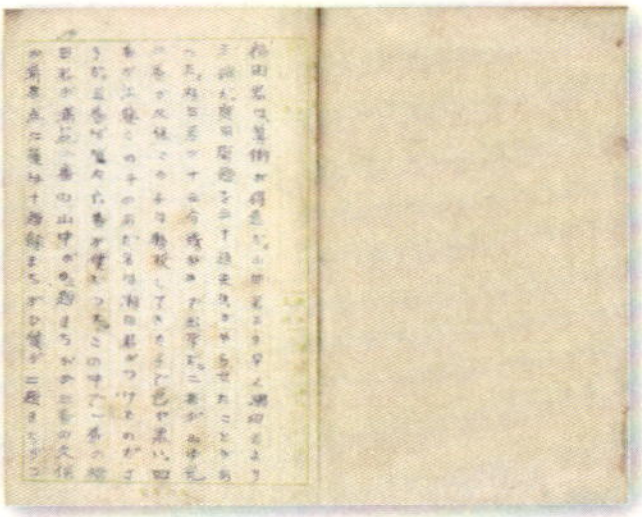

19

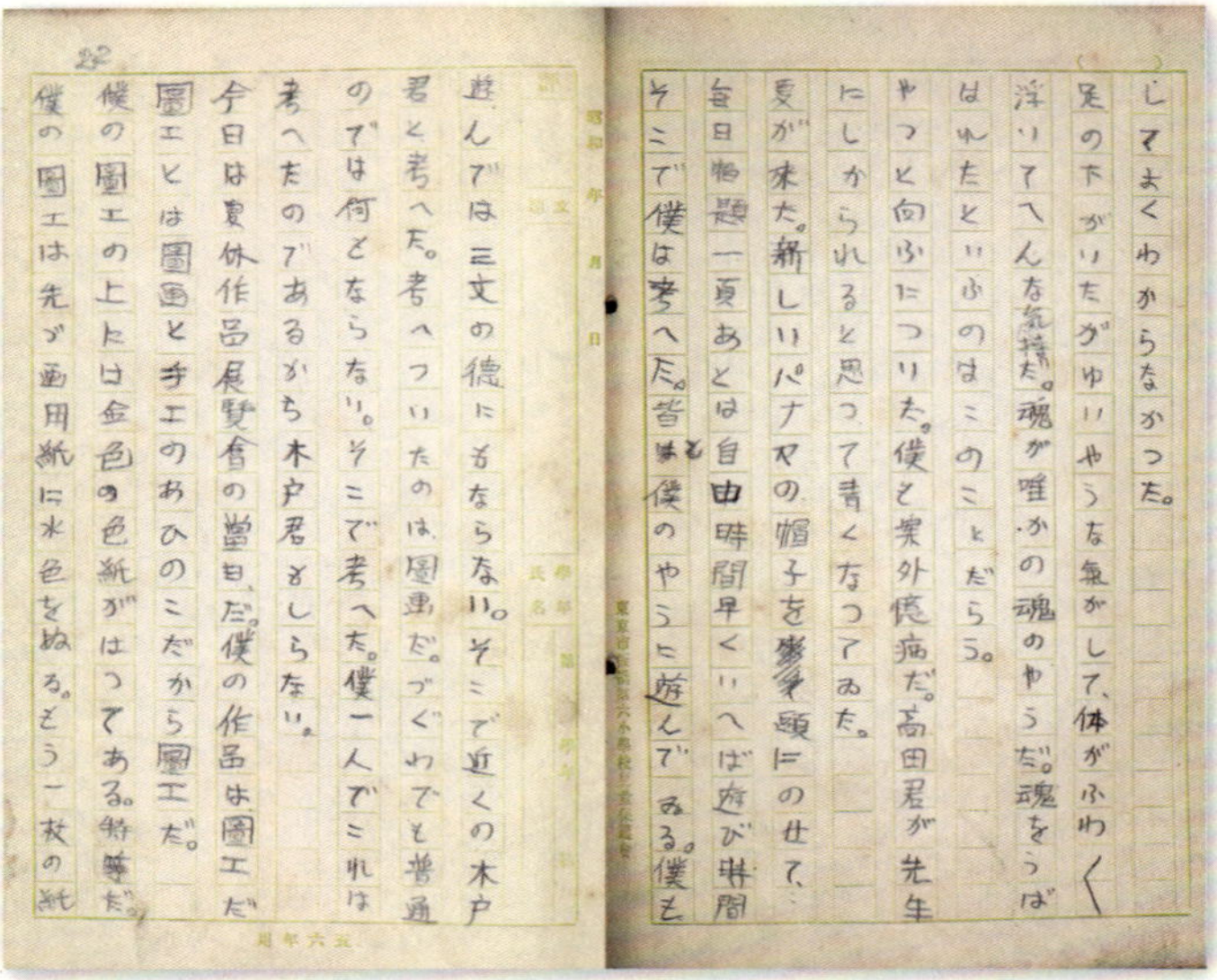

してよくわからなかつた。
足の下がいたがゆいやうな氣がして、体がふわく
浮いてへんな気持だ。魂が唯かの魂のやうだ。魂をうば
はれたといふのはこのことだらう。
やつと向ふについた。僕と案外疲痛だ。高田君が先生
にしかられると思つて青くなつてゐた。
夏が来た。新しいパナマの帽子を頭にのせて、
毎日宿題一頁あとは自由時間早くいへば遊び時間
そこで僕は考へた。皆は僕のやうに遊んでゐる。僕も
遊んでは三文の徳にもならない。そこで近くの木戸
君と考へた。考へついたのは圖画だ。づぐわでも普通
のでは何どもならない。そこで考へた。僕一人でこれは
考へたのであるから木戸君もしらない。
今日は夏休作品展覧會の當日だ。僕の作品は圖工だ
圖工とは圖画と手工のあひのこだから圖工だ。
僕の圖工の上には金色の色紙がはつてある。特等だ。
僕の圖工は先ず画用紙に水色をぬる。どう一枚の紙

22

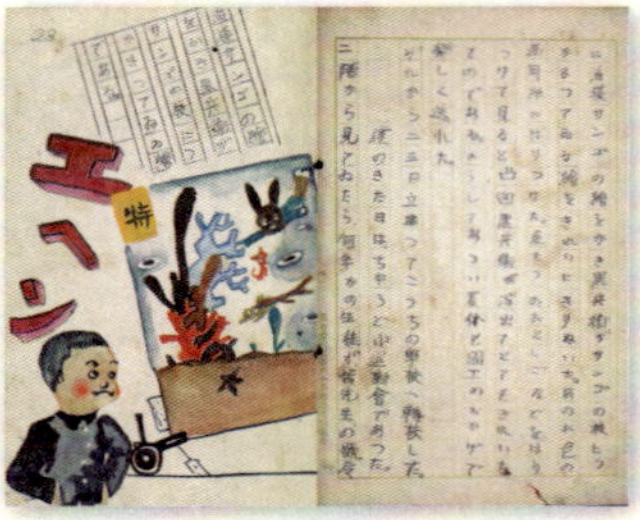

23

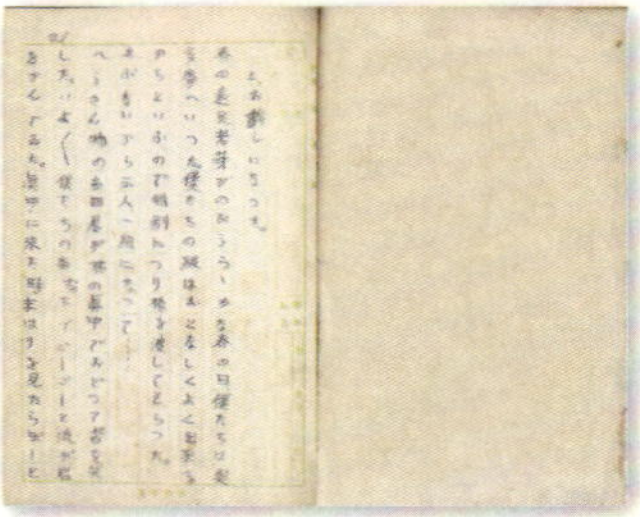

21

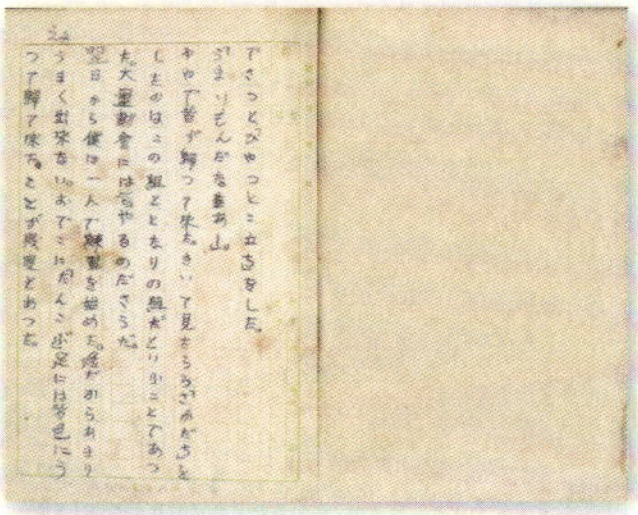

24

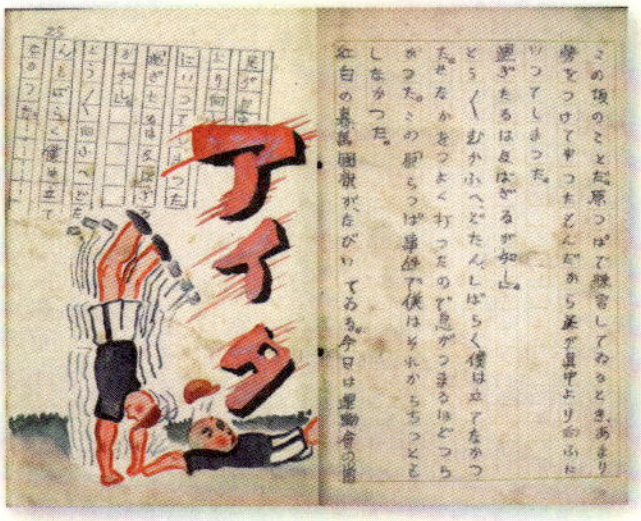


25

26

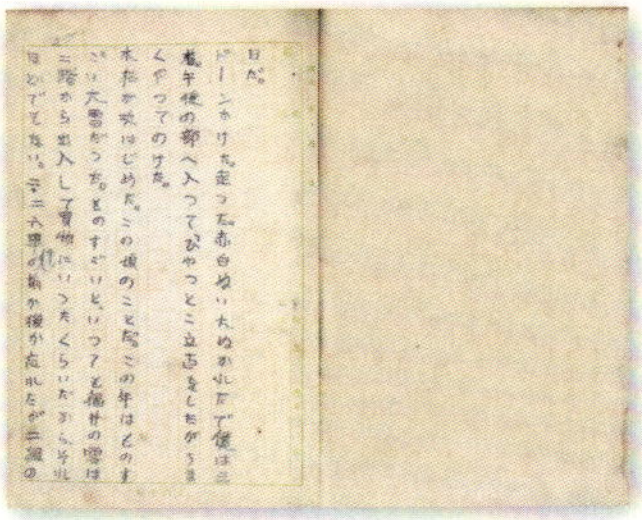

27

28

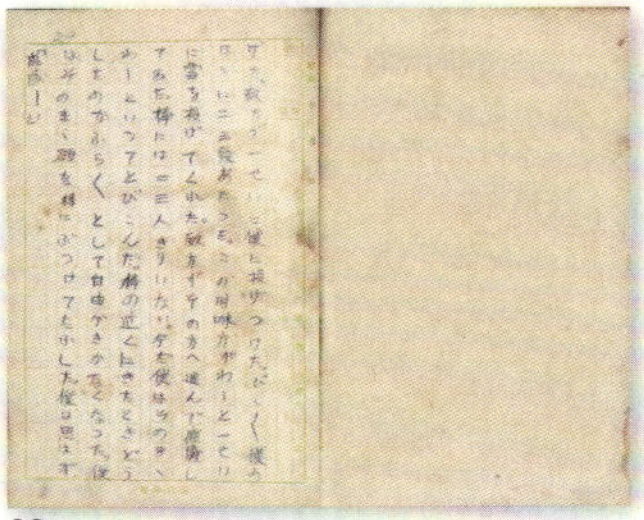

29

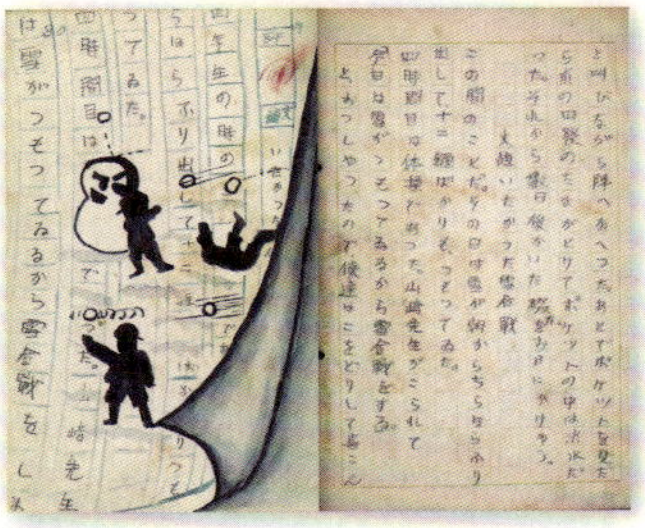

30

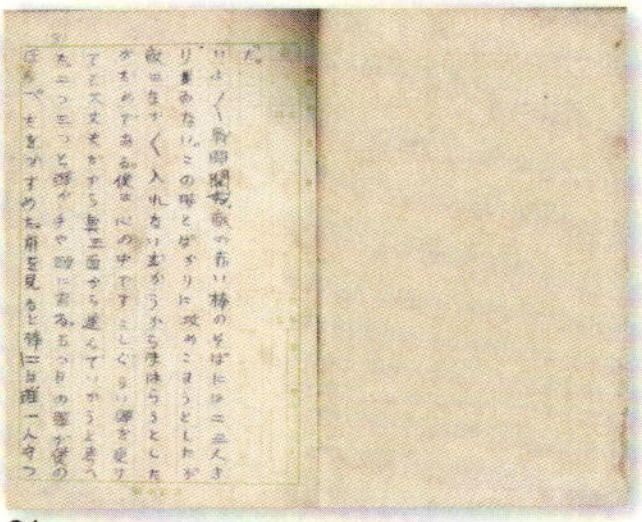

31

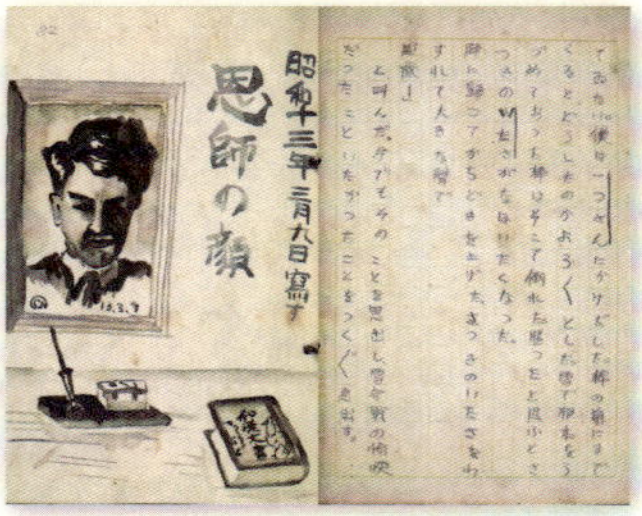

32

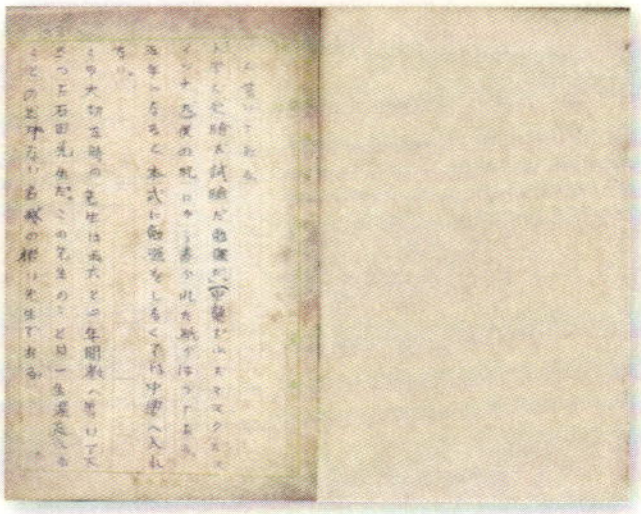
33

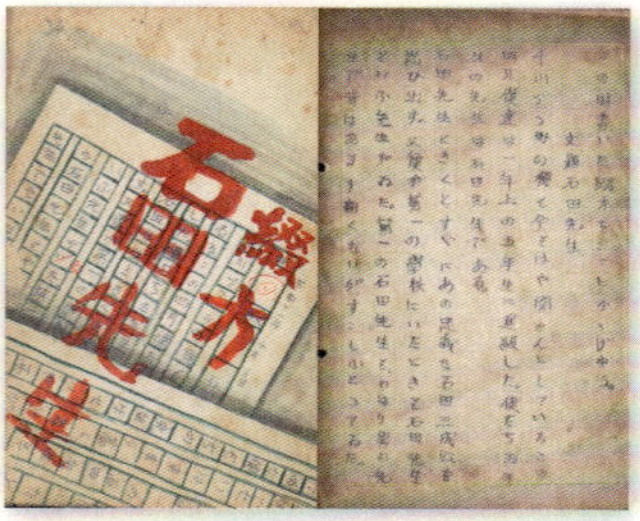

34

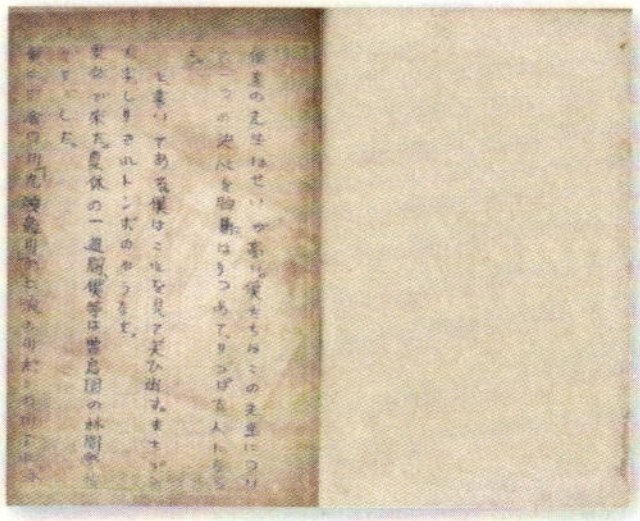
35

36

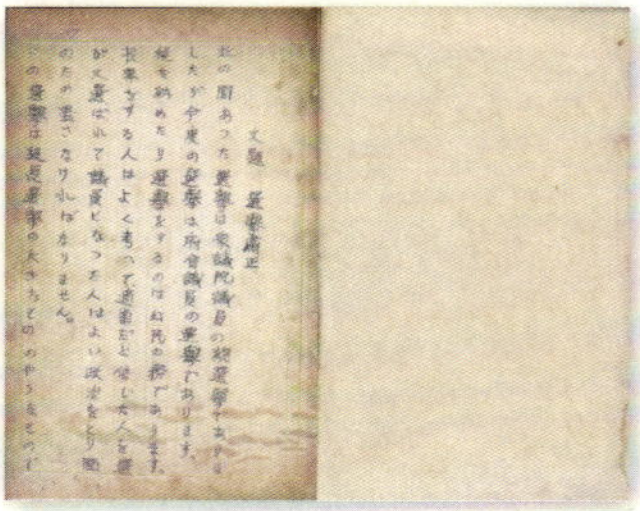
37

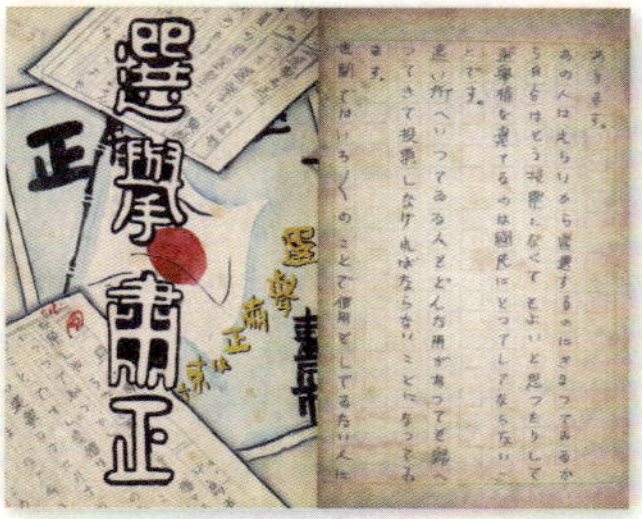

38

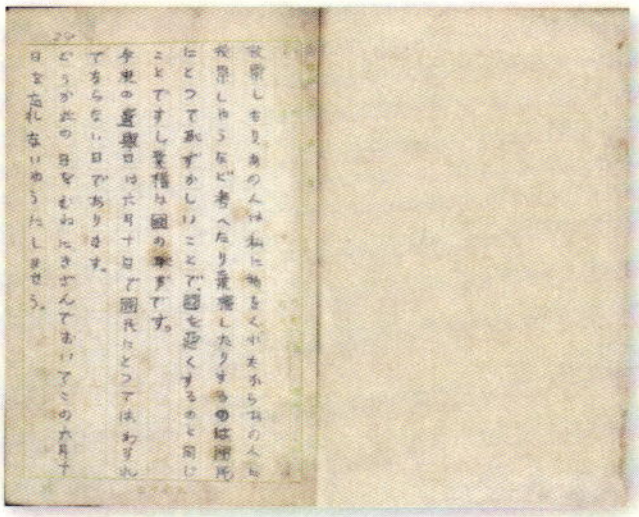
39

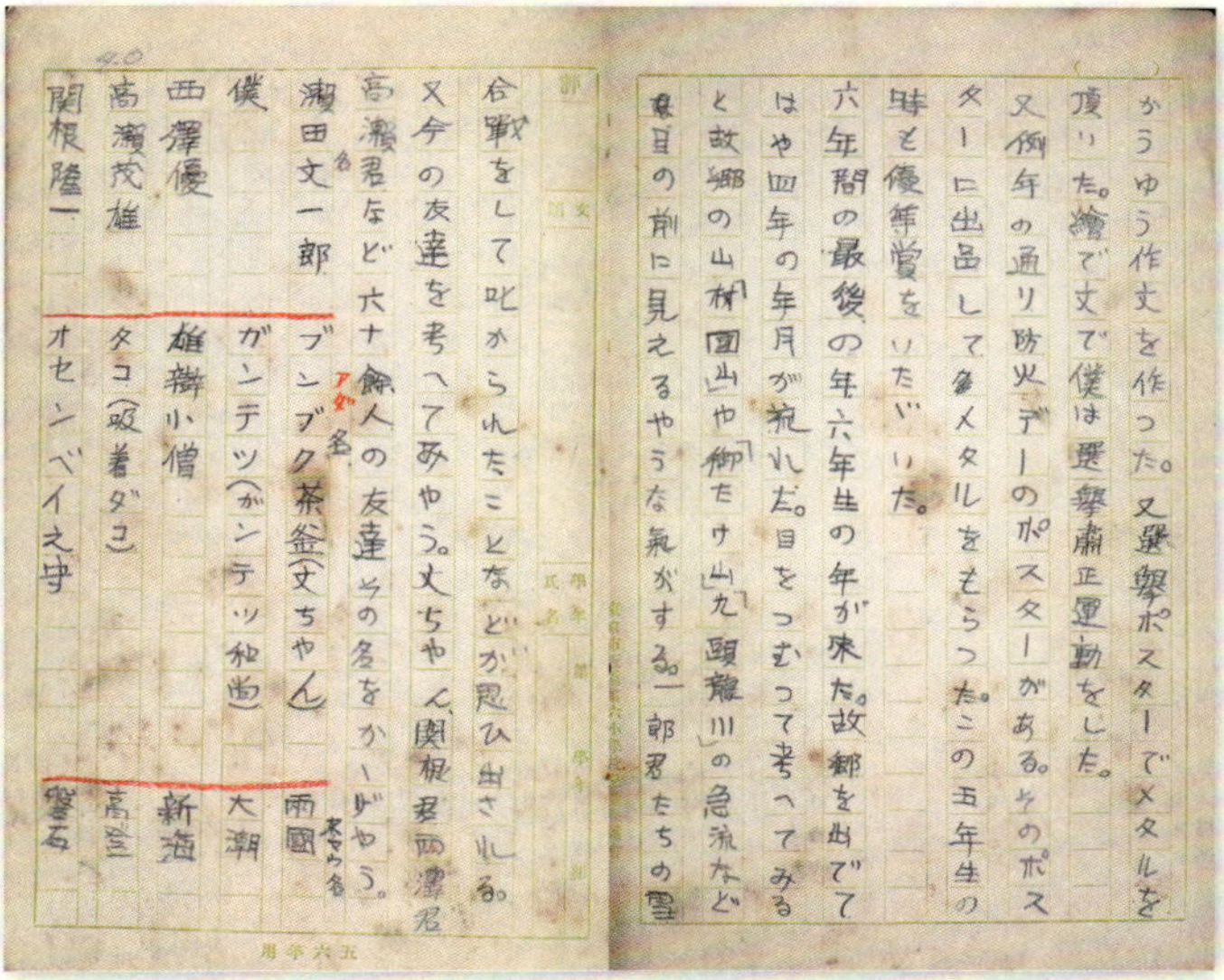
かうゆう作文を作った。又選擧ポスターでメタルを
貰いた。繪で文で僕は選擧粛正運動をした。
又例年の通り防火デーのポスターがある。そのポス
ターに出品して多くメタルをもらった。この五年生の
時も優等賞をいただいた。
六年間の最後の年六年生の年が来た。故郷を出でて
はや四年の年月が流れた。目をつむって考へてみる
と故郷の山村国山や御たけ山「九頭龍川の急流など
眞目の前に見えるやうな氣がする。一郎君たちの雪
合戦をして叱かられたことなどが思ひ出される。
又今の友達を考へてみやう。文ちゃん、関根君西澤君
高瀬君など六十餘人の友達その名をかゝげやう。

| 名 | アダ名 | ミヤウ名 |
| --- | --- | --- |
| 瀬田文一郎 | ブンブク茶釜(文ちゃん) | 兩國 |
| 僕 | ガンテツ(ガンテツ和尚) | 大潮 |
| 西澤優 | 雄辯小僧 | 新海 |
| 高瀬茂雄 | タコ(吸着ダコ) | 高登 |
| 関根隆一 | オセンベイ之守 | 磐石 |

40

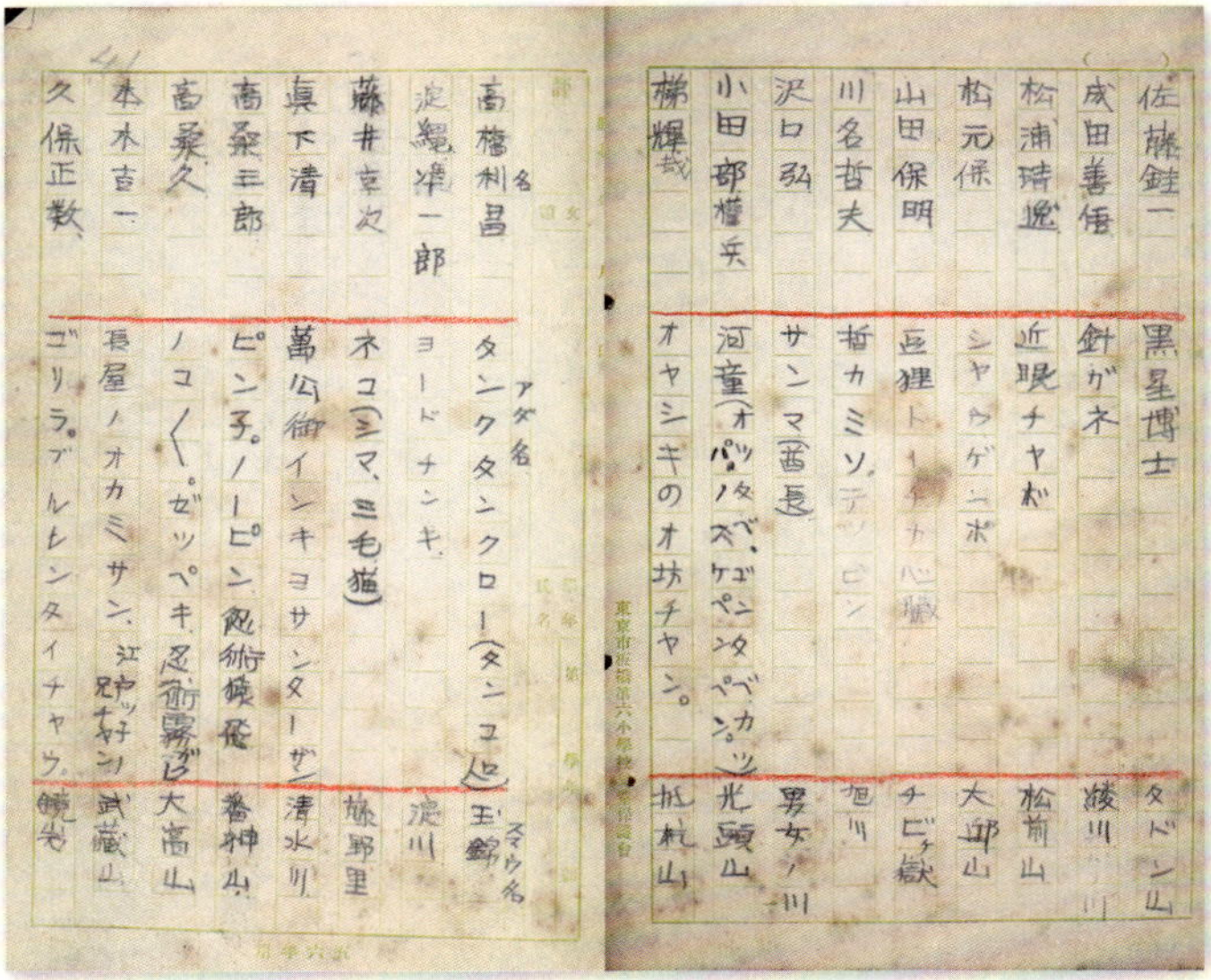
| 名 | アダ名 | ミヤウ名 |
| --- | --- | --- |
| 佐藤銈一 | 黒星博士 | タドン山 |
| 成田善信 | 針ガネ | 綾川 |
| 松浦琦逖 | 近眼チャボ | 松前山 |
| 松元保 | シャウゲニボ | 大郎山 |
| 山田保明 | 豆狸トーイカ心臓 | チビケ嶽 |
| 川名哲夫 | 哲カミソ、テソピン | 旭川 |
| 沢口弘 | サンマ(西瓜) | 男女ノ川 |
| 小田部權兵 | 河童(オパッパ、ノタベ、ゴンベ、ケペンノタペンペカッパ) | 光頭山 |
| 梯輝哉 | オヤシキのオ坊チャン。 | 抵杭山 |
| 高橋利昌 | タンクタンクロー(タンコ山) | 玉錦 |
| 淀縄準一郎 | ヨードチンキ、 | 淀川 |
| 藤井幸次 | ネコ(シマ、三毛猫) | 旅野里 |
| 眞下清 | 萬公御インキヨサンターザン | 清水川 |
| 高桑三郎 | ピン子。ノーピン劔術機械 | 番神山 |
| 高桑久 | ノコノコ。ゼッペキ、忍術霧ガクレ | 大高山 |
| 本木吉一 | 長屋ノオカミサン、江戸ッ兒ナヤンコ | 武藏山 |
| 久保正數、 | ゴリラ。ブルトンタイチャウ。 | 鏡岩 |

41

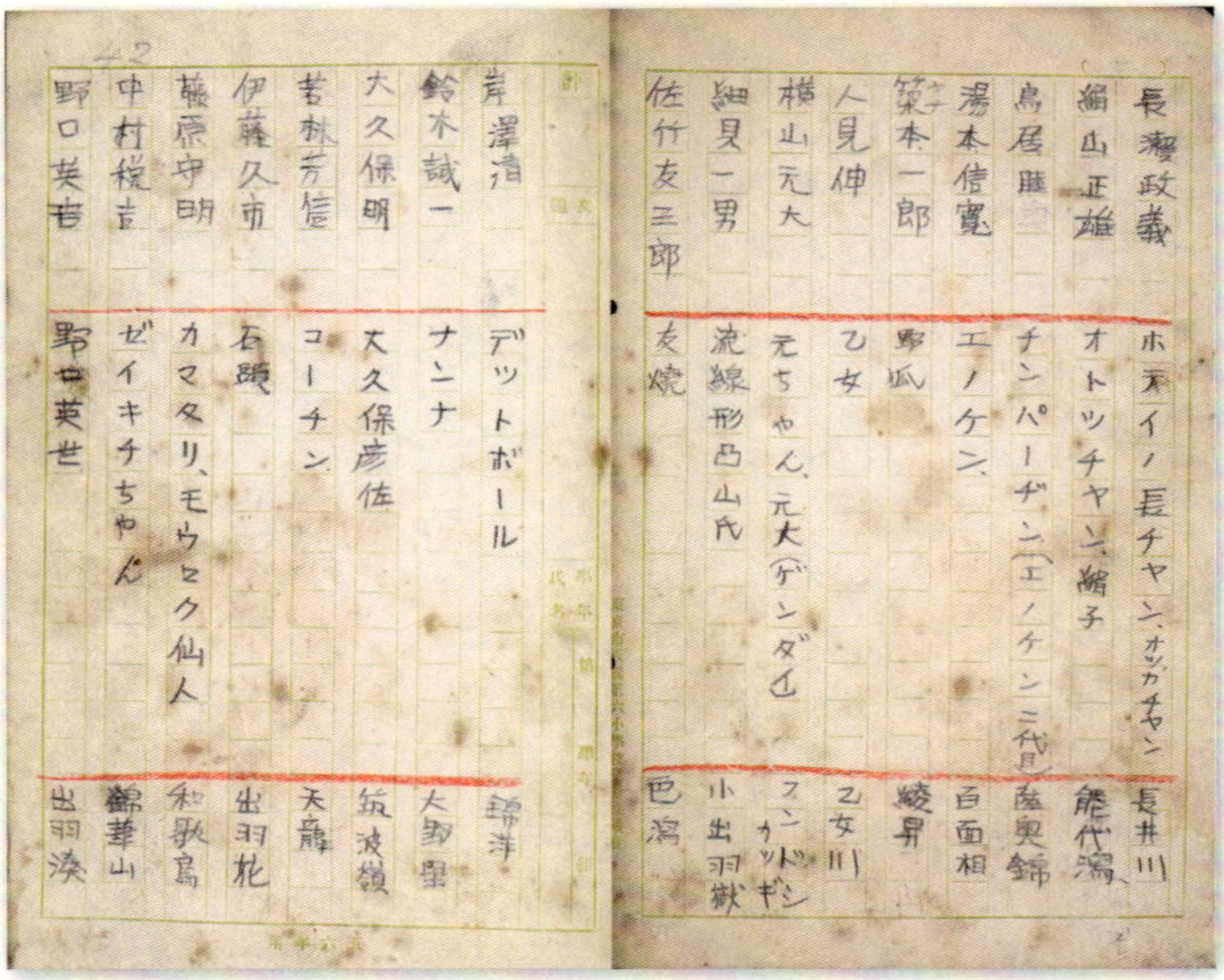

| 氏名 | 綽名 | 四股名 |
|---|---|---|
| 長瀬政義 | ホエイノ長チャン、オッカチャン | 長井川 |
| 細山正雄 | オトッチャン、雛子 | 能代潟 |
| 鳥居睦 | チンパーヂン（エノケン二代目） | 陸奥錦 |
| 湯本信寛 | エノケン、 | 百面相 |
| 筑本一郎 | 野瓜 | 綾昇 |
| 人見伸 | 乙女 | 乙女川 |
| 横山元大 | 元ちゃん、元大（ゲンダイ） | ズンドカッギシ |
| 細貝一男 | 流線形凸山氏 | 小出羽嶽 |
| 佐竹友三郎 | 友焼 | 色潟 |
| 岸澤清 | デットボール | 錦洋 |
| 鈴木誠一 | ナンナ | 大野里 |
| 大久保明 | 大久保彦佐 | 筑波嶺 |
| 若林芳信 | コーチン | 天龍 |
| 伊藤久市 | 石頭 | 出羽花 |
| 藤原守明 | カマタリ、モウロク仙人 | 和歌島 |
| 中村桜吉 | ゼイキチちゃん | 錦華山 |
| 野口英吉 | 野口英世 | 出羽湊 |

42

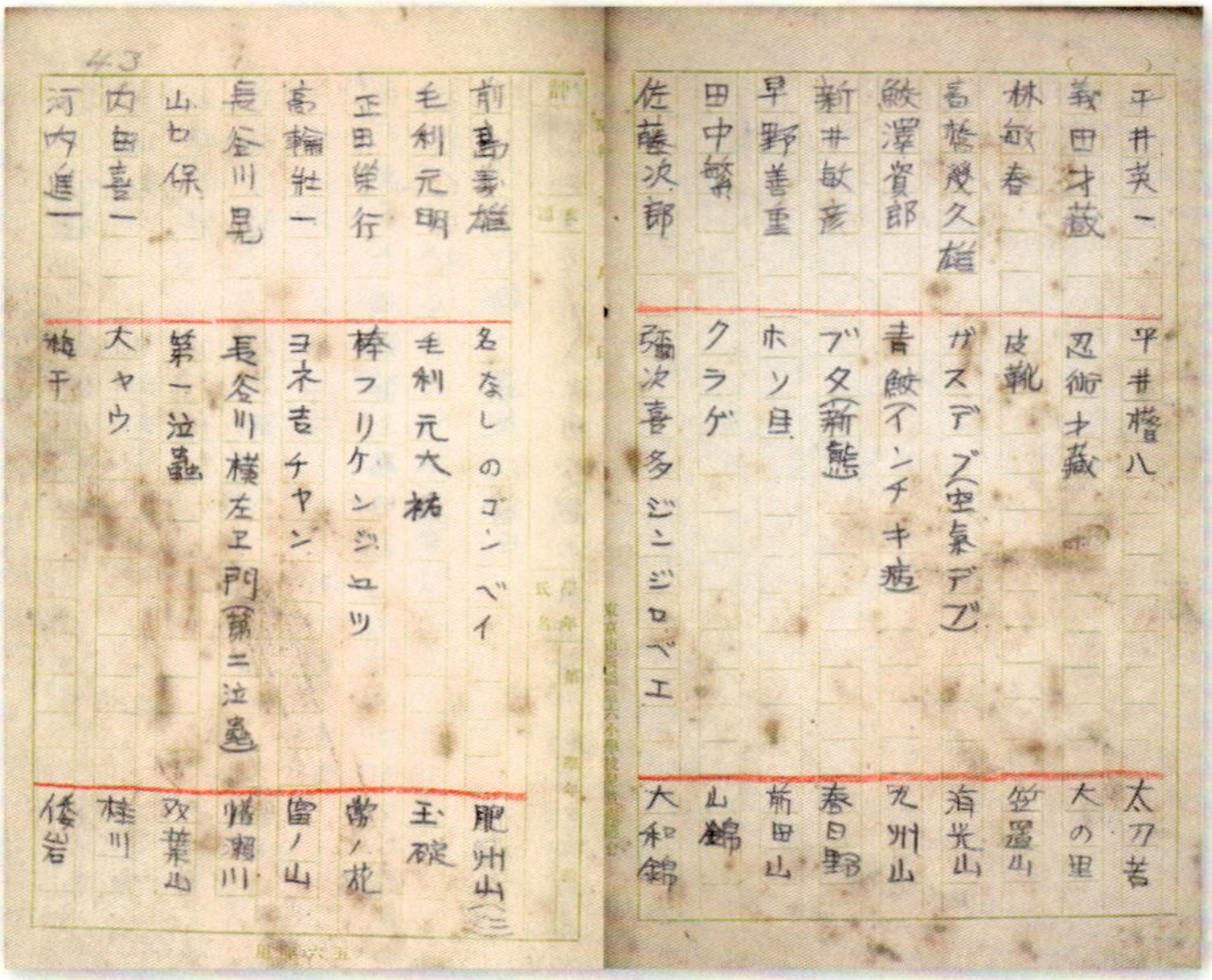

| 氏名 | 綽名 | 四股名 |
|---|---|---|
| 平井英一 | 平井権八 | 太刀若 |
| 義田才蔵 | 忍術才蔵 | 大の里 |
| 林敏春 | 皮靴 | 笠置山 |
| 高橋俊久雄 | ガスデブ（空気デブ） | 有光山 |
| 鮫澤資郎 | 青鮫（インチキ病） | 九州山 |
| 新井敏彦 | ブタ（新熊） | 春日野 |
| 早野善重 | ホソ目 | 前田山 |
| 田中繁 | クラゲ | 山錦 |
| 佐藤次郎 | 彌次喜多ジニジロベエ | 大和錦 |
| 前島壽雄 | 名なしのゴンベイ | 肥州山（二） |
| 毛利元明 | 毛利元大将 | 玉碇 |
| 正田栄行 | 棒フリケンジユツ | 常ノ花 |
| 高輪壮一 | ヨネ吉チャン | 富ノ山 |
| 長谷川晃 | 長谷川横左ヱ門（第二泣蟲） | 清瀬川 |
| 山口保 | 第一泣蟲 | 双葉山 |
| 内田喜一 | 大ヤウ | 桂川 |
| 河内進一 | 梅干 | 倭岩 |

43

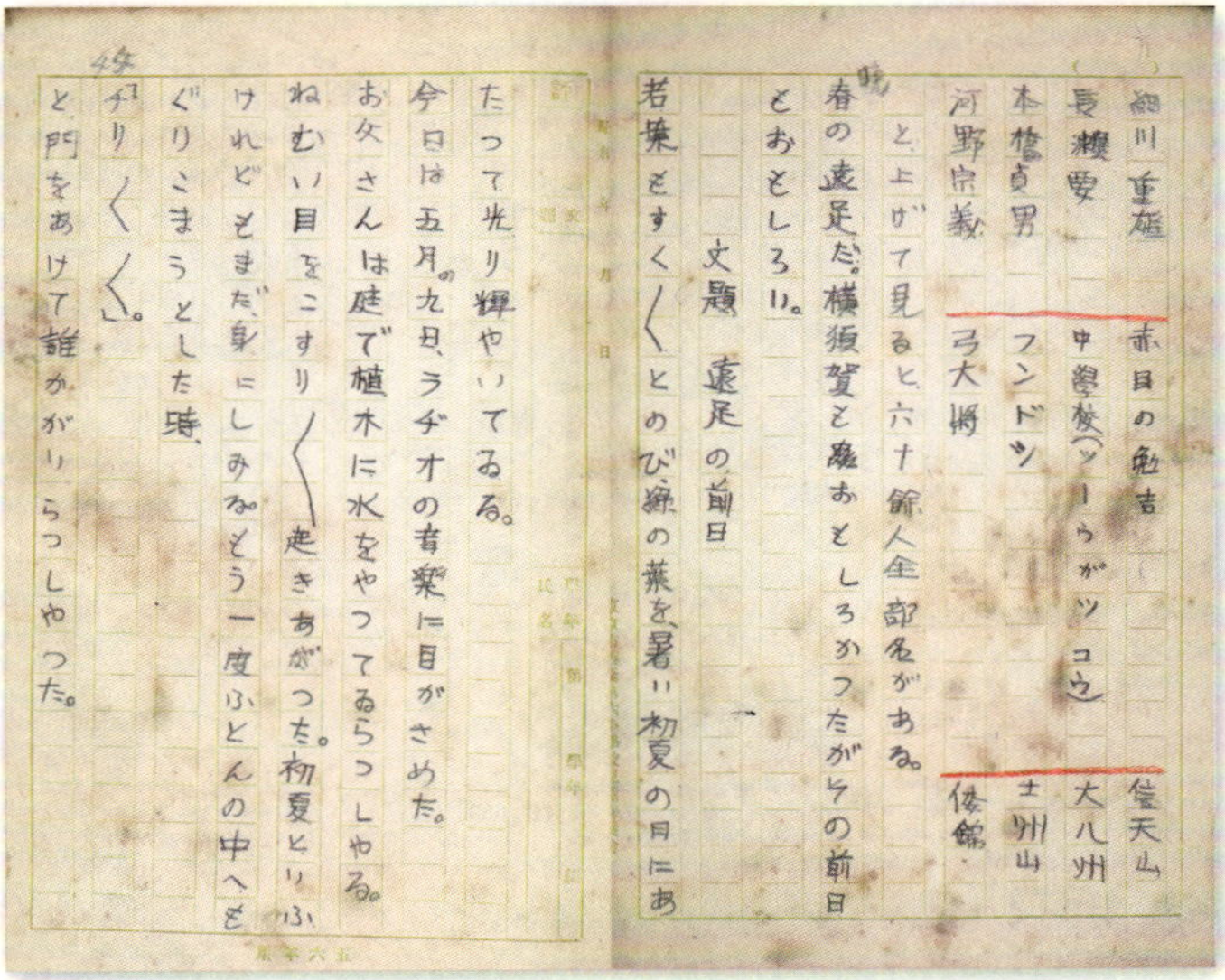
細川重雄　赤目の勉吉　雲天山
長瀬要　中學校(ツーうがツコウ)　大八州
本權貞男　フンドツ　土州山
河野宗義　弓大將　倭錦
と上げて見ると六十餘人全部名がある。
春の遠足だ。横須賀と爲おとしろかつたがその前日
とおとしろ!!。
文題　遠足の前日
若葉をすく〳〵とのび緑の葉を暑い初夏の日にあ
たって光り輝やいてゐる。
今日は五月の九日、ラヂオの音樂に目がさめた。
お父さんは庭で植木に水をやつてゐらつしやる。
ねむい目をこすり〳〵起きあがつた。初夏とりふ
けれどもまだ身にしみる。もう一度ふとんの中へも
ぐりこまうとした時、
「チリ〳〵〳〵」
と門をあけて誰かがりらつしやつた。

44

47

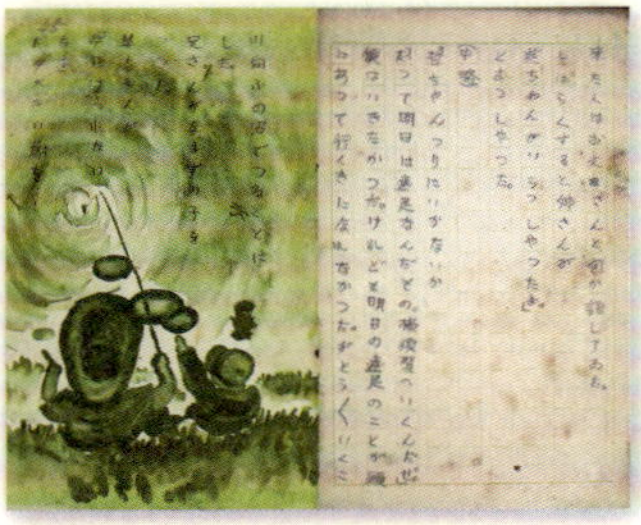

45

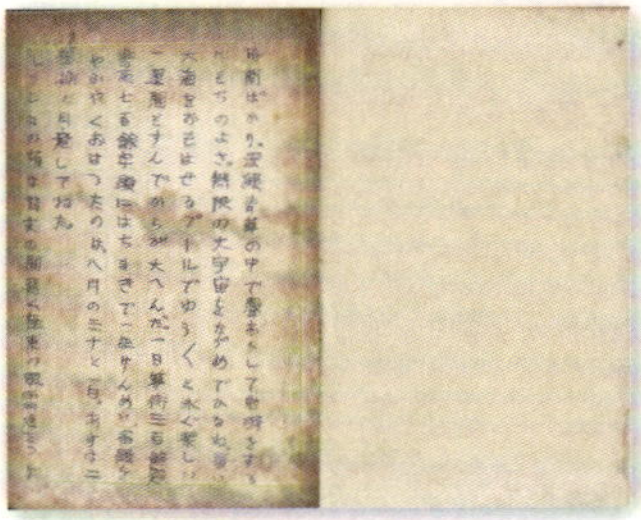

48

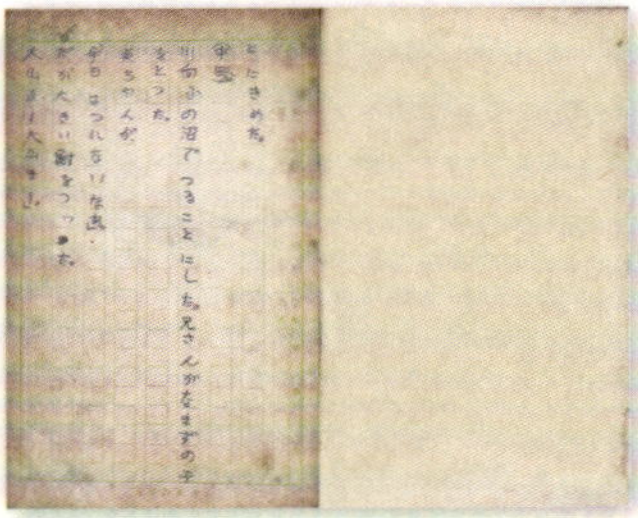

46

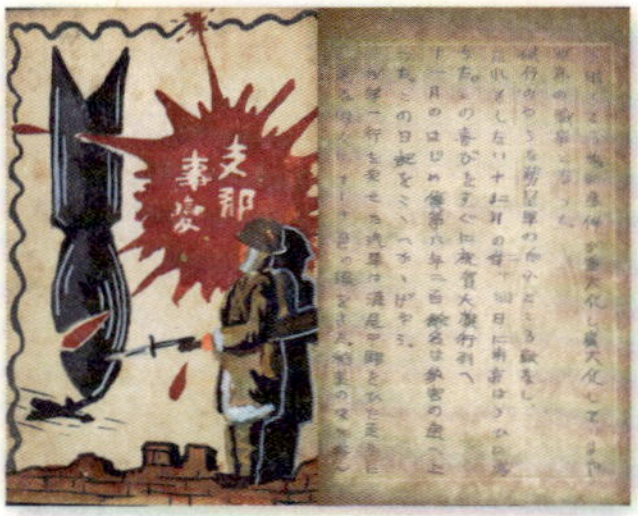


49

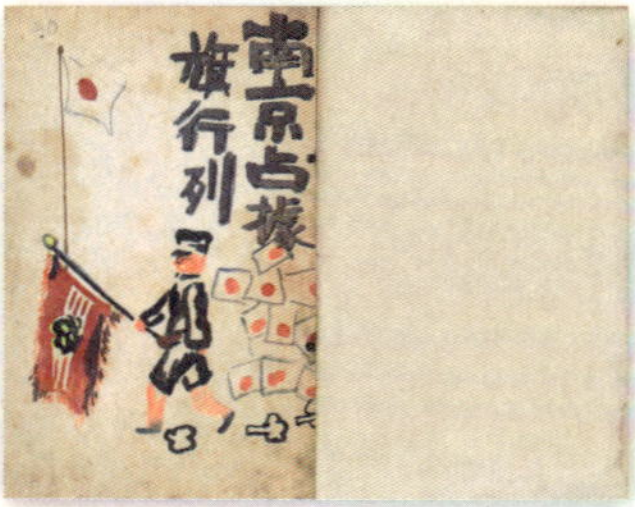


50

51

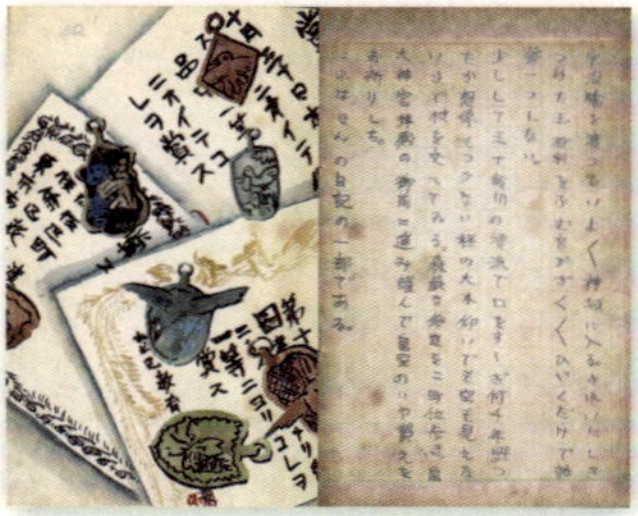

52

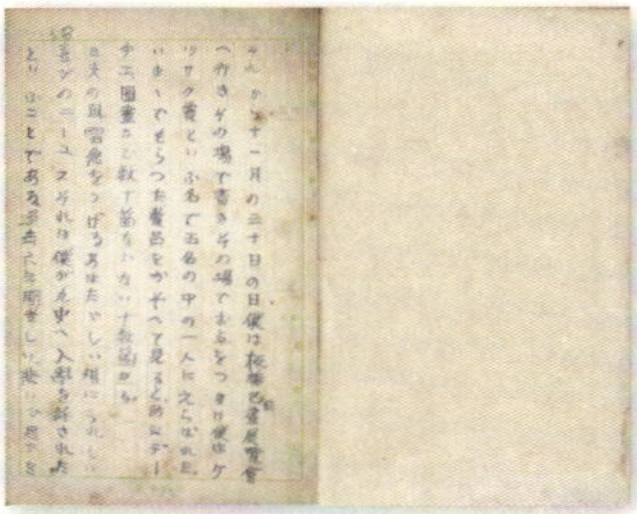

53

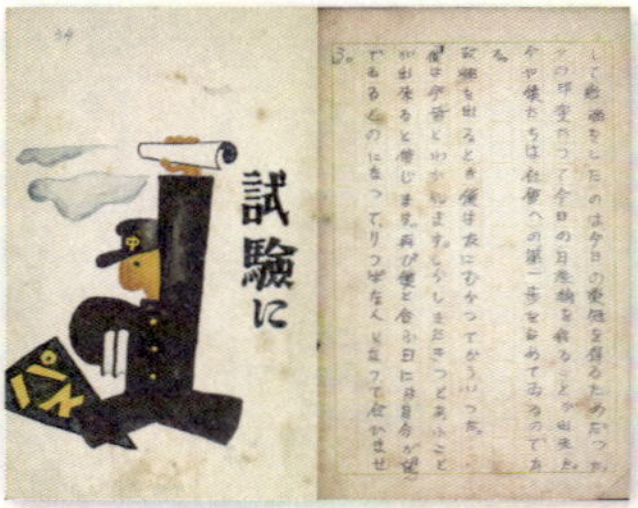


54

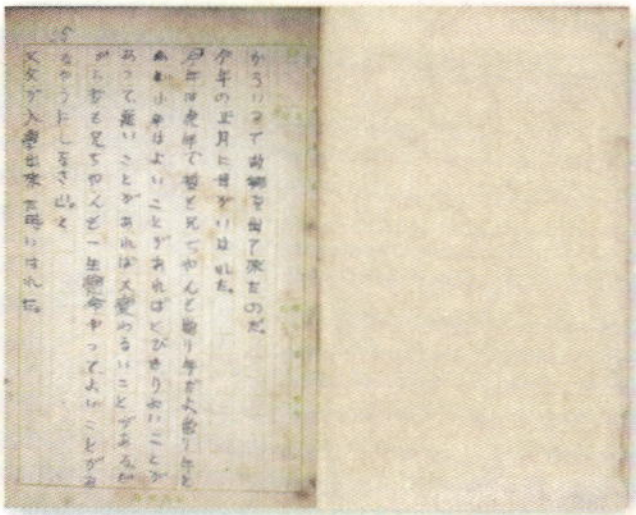

55

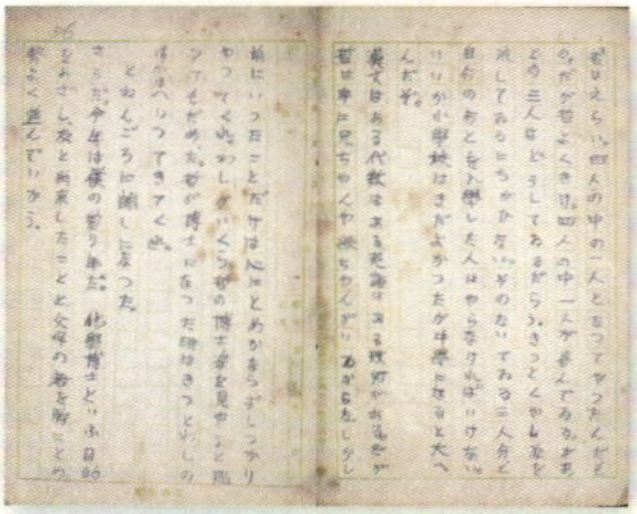

56

57　府立第九中学校校章

## 付録《ふろく》　賞状《しょうじょう》とバッジ類の写真

賞状《しょうじょう》は全部で19点ある。

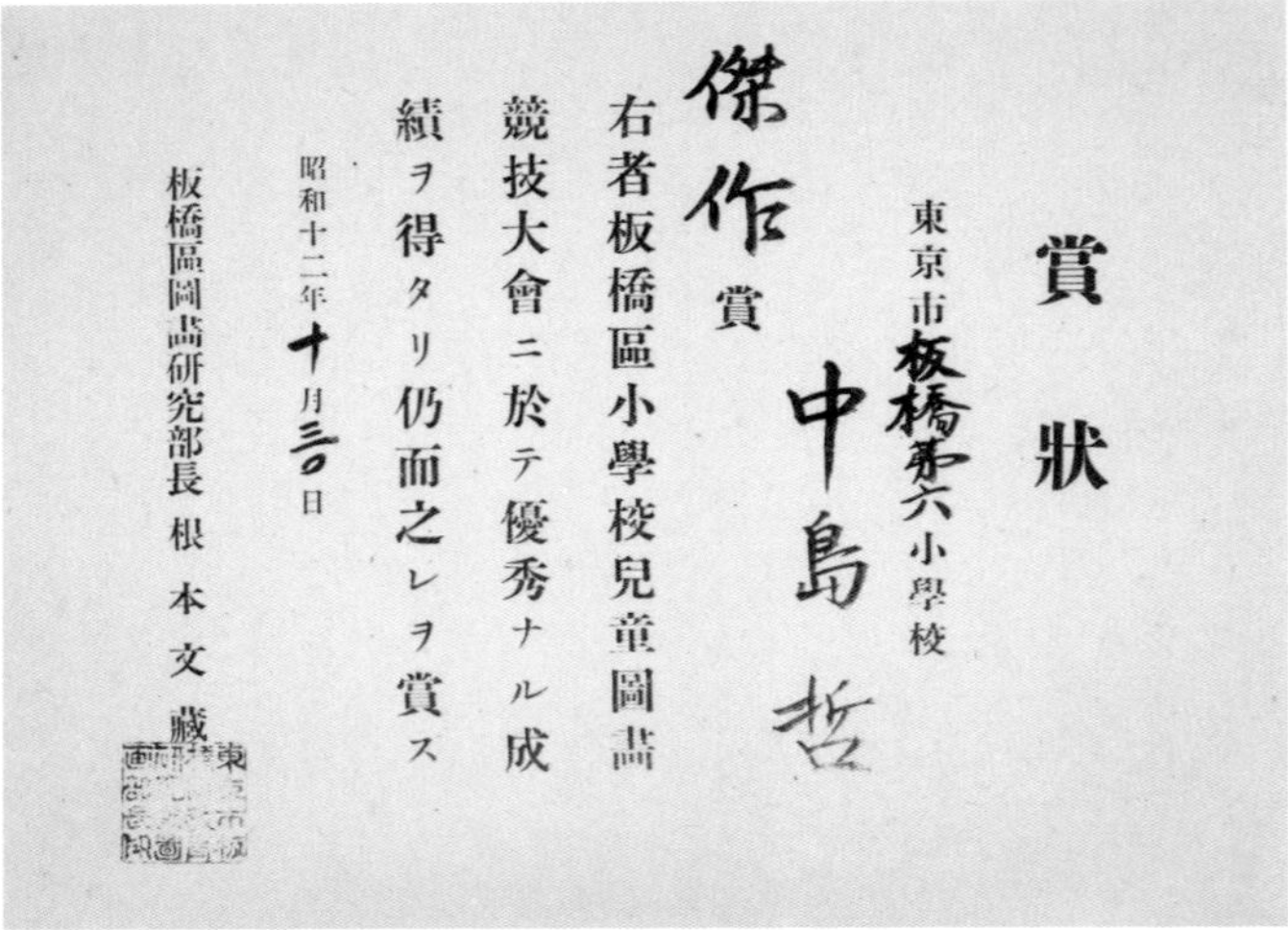
賞状
東京市板橋第六小學校
中島哲
傑作賞
右者板橋區小學校兒童圖畫
競技大會ニ於テ優秀ナル成
績ヲ得タリ仍而之レヲ賞ス
昭和十二年十月三日
板橋區圖畫研究部長 根本文藏

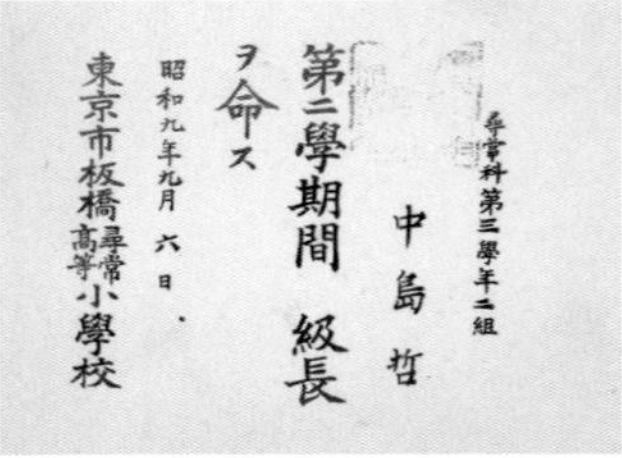
尋常科第三學年二組
中島哲
第二學期間 級長
ヲ命ス
昭和九年九月六日
東京市板橋尋常高等小學校

賞状
東京市板橋第六小學校
尋常科第六學年
中島哲
一、圖畫
右者防空展覧會ニ
於テ頭書出品ノ成績優
良ナリ依テ之ヲ賞ス
[illegible]九月三十日
東京市板橋區防護團長 福島正守

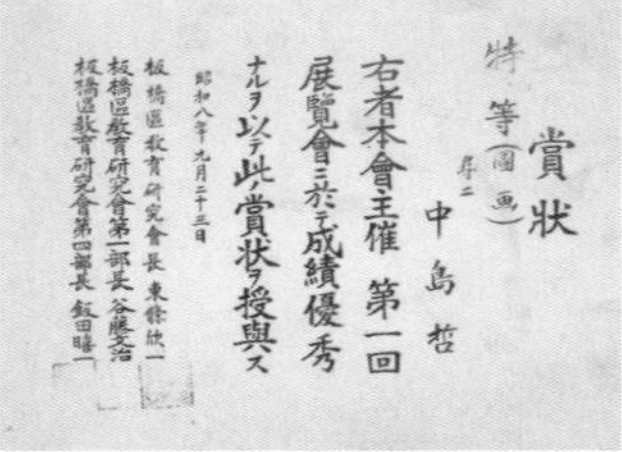
特等(圖画) 賞状
尋二
中島哲
右者本會主催 第一回
展覧會ニ於テ成績優秀
ナルヲ以テ此ノ賞状ヲ授與ス
昭和八年九月二十三日
板橋區教育研究會長 東條欣一
板橋區教育研究會第一部長 谷藤文治
板橋區教育研究會第四部長 飯田暁一

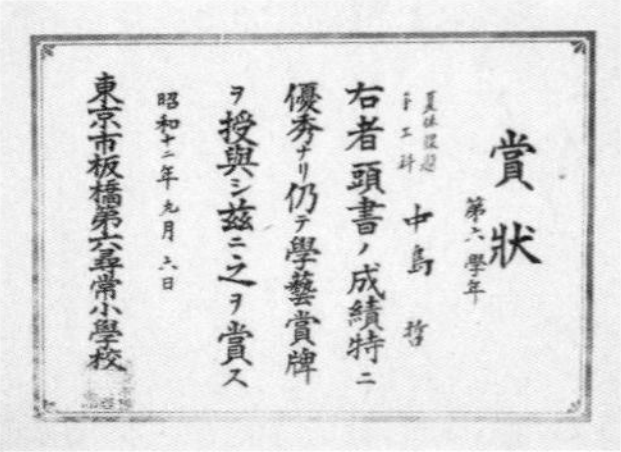
賞状
第六學年
夏休課題 手工科
中島哲
右者頭書ノ成績特ニ
優秀ナリ仍テ學藝賞牌
ヲ授與シ茲ニ之ヲ賞ス
昭和十二年九月六日
東京市板橋第六尋常小學校

本文94、95ページも参照

79

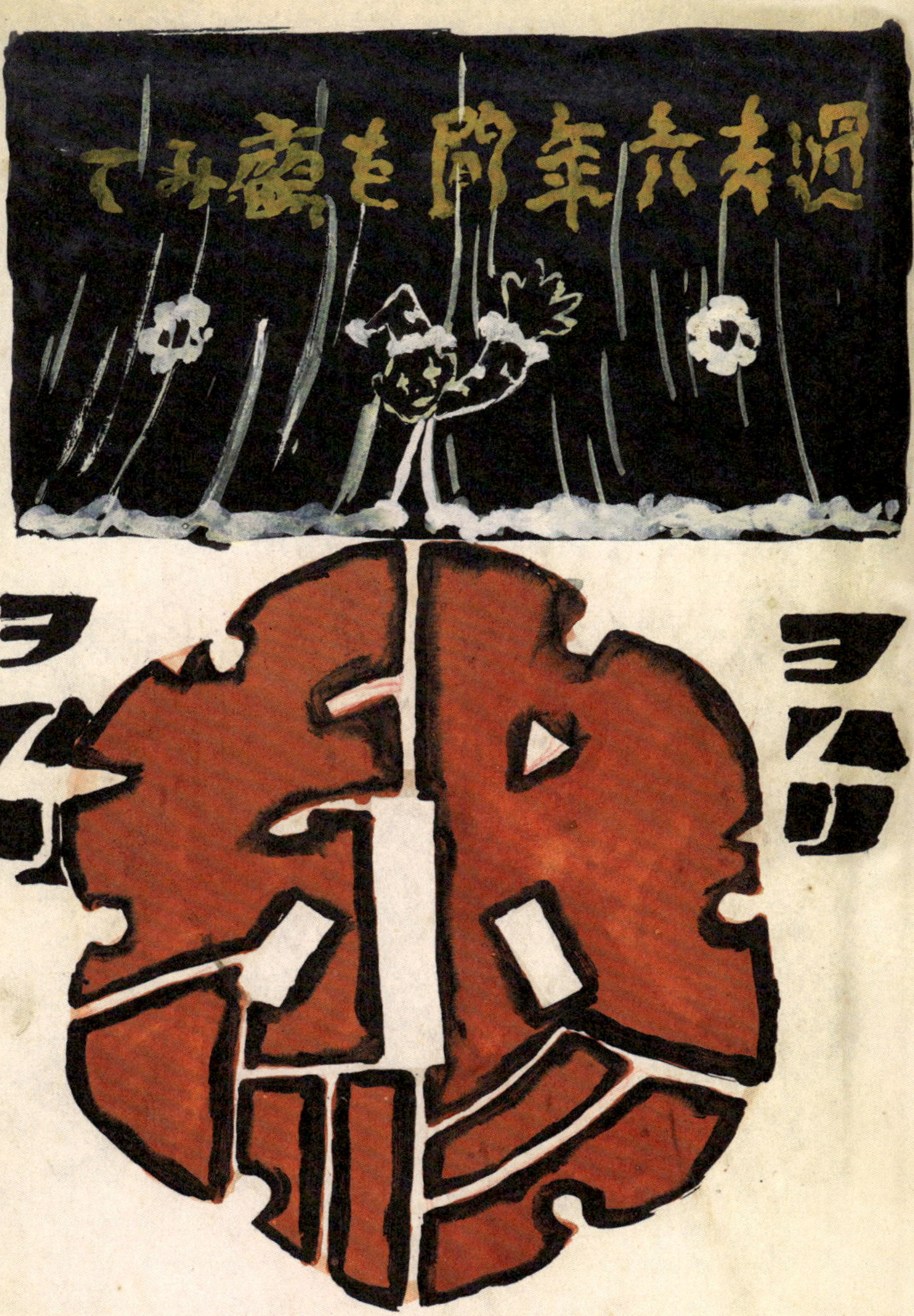


昭
13. 3. 15

# あとがき　私の父のこと

小学六年間を綴《つづ》った文集が、偶然戦災《ぐうぜんせんさい》をまぬがれ、このたび立派《りっぱ》な本にしていただくことになった末尾《まつび》に、場違いな父のことをのべさせていただく。

私の父中島顕誠《あきよし》は三重県島ヶ原村《みえけんしまがはらむら》の農家の次男として、明治二十五年（一八九二）に生まれた。小学校卒業後、当時としては珍《めずら》しく、津《つ》の工業学校に学び、宇《う》治《じ》にあった陸軍造兵廠火薬製造所《りくぐんぞうへいしょうかやくせいぞうしょ》に勤務していたが、長男誠文《よしふみ》をもうけた生活のため、福井に新設の大同肥料株式会社《だいどうひりょうかぶしきがいしゃ》に転じ、その社宅（→36ページ）で長女と次男の私が生まれた。

私が物心《ものごころ》ついたとき、四月生まれなのを、小学校入学を考え、医師に三月三十一日生まれとしてもらったことと、無学な父が哲《さとし》という一字の名前をつけてくれたことを知り、更《さら》に苦しい生活なのに五歳になると、村の唯一《ゆいいつ》の幼稚園に通わせてくれた。

父は年の離《はな》れた長男を、医者にすれば、幼い妹弟の面倒《めんどう》を見てくれると考え、受験雑誌を取り寄せ、庭に鉄棒《てつぼう》を作って、体を鍛《きた》えさせた。しかし祭礼《さいれい》などで、並んだ駄菓子《だがし》や玩具《がんぐ》の仮設店《かせつてん》を私がのぞいたりしていると、欲しいなどといわないのに無理をして買ってくれたりした。私は自作したいので、玩具《がんぐ》などの仕組みをのぞいていたのに、こうしたズレやすれ違いの父の配意がわかったので、以後私は極力《きょくりょく》負担《ふたん》をかけぬよう、気を配るようになった。

最新写真機をもつ父（昭和6年頃）

その幼稚園時代の私は、せっせと律《りち》儀《ぎ》に働く下級会社員の父が示した、時代の先端《せんたん》をゆく二つの技術に目をみはった。その一は米国コダック社の大型写真機や引き伸ばし機など、新鋭《しんえい》の写真器材と現像薬剤《げんぞうやくざい》をそろえ、押し入れの暗室にこもって、大小の印画を製作していたことと、もう一つは、大正十四年（一九二五）東京ではラジオ放送が始まったが、北陸の地ではラジオを聴《き》く家など一軒もないなか、昭和三年（一九二八）庭から小川の向こう堤《つつみ》まで三〇メートルものアンテナを張り、朝顔型《あさがおがた》ラッパのラジオ設備を整備したことなど、幼い私は秘《ひそ》かに、父のこの進んだ技術摂取《ぎじゅつせっしゅ》と開拓心《かいたくしん》をできれば自分にもと心に刻《きざ》んだ。

私が小学校入学を機に、錦町《にしきちょう》の二階屋に転居し、その後兄が東京の高等歯科医学校（現医科歯科大学）に入学したので、東京へ移住することとなり、かつて宇治の造兵廠《ぞうへいしょう》の所長であった方が、板橋の火薬製造所《かやくせいぞうしょ》の所長となっておられたので父はそちらに勤務することとなった。応急の住まいとして板橋二丁目（→54ページ）の長屋《ながや》の一角で小学二年から住すこととなった。

時代は刻々戦時色《こっこくせんじしょく》となり、北陸弁《ほくりくべん》丸出しの私は、板橋第一小学校で種々《しゅじゅ》な難問《なんもん》珍問《ちんもん》に出会ったが、この板橋二丁目の長屋《ながや》と、苦心して新しい家を四丁目にたてた頃が、父の生涯で最も安住好適《あんじゅうこうてき》の時代で、勤務の火薬製造《かやくせいぞう》での伝火薬筒連続装《でんかやくづつれんぞくそう》置《ち》の発明考案が、造兵彙報《ぞうへいいほう》第十五巻（昭和十二年）巻頭に掲載表彰された。

その板橋四丁目の家は、井戸があったが、水道は台所しかひいてなかったので、休日の父はトイレまで鉛管《えんかん》をのばしたり、庭に池を造るなどの作業をし、それを助けて床下にもぐるのは私の役目だった。こうした作業は後年、私が工場勤務の折、臨時工や日雇員《ひやといいん》と共に、夜勤や三交替の勤務をする折のよい経験となった。

私が小学校を終え、板橋の府立第九中学校に進学した時、借家としてたてた南角の家で歯科医師として開業する兄のため、父は最新の歯科設備を整えるため奮《ふん》闘《とう》した。無事開業した兄の玄関番となった中学生の私は、この南の家で住んでいたが、これ以上父に負担をかけないでなんとか自立しようとして、飛行機に熱中していたので航空《こうくう》士官《しかん》になれば学費は不要で任官後《にんかんご》は日本一の航空技術者となって、父に迷惑《めいわく》かけずに国や社会のためとなる

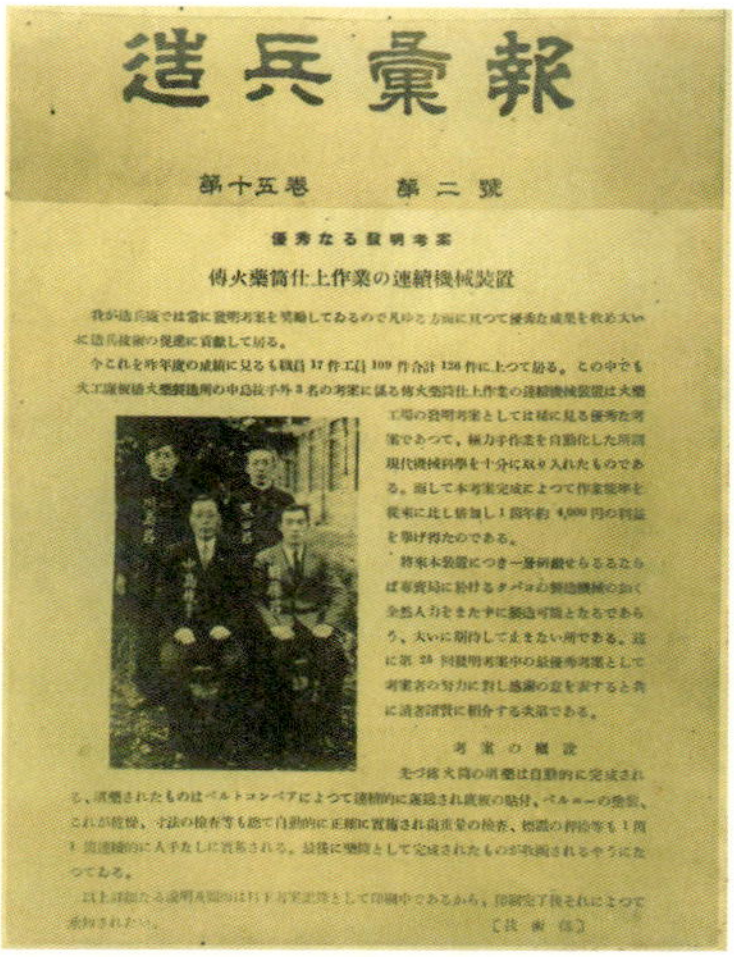
造兵彙報

第十五巻　第二號

優秀なる發明考案

傳火藥筒仕上作業の連續機械裝置

我が造兵廠では常に發明考案を奨勵してゐるので凡ゆる方面に亘つて優秀な成果を收め大いに造兵技術の進歩に貢獻して居る。

今これを昨年度の成績に見るも職員17件工員109件合計126件に上つて居る。

考案の概説

造兵彙報 第15巻、写真左前が父

道を進もうと決心し、秘《ひそ》かに心身の鍛錬《たんれん》に励《はげ》んだ。

校長も担任も、また当時各中学校に軍事教練《ぐんじきょうれん》の指導で配属《はいぞく》になっていた士官が、軍人希望者を応援、激励《げきれい》していて、特に航空士官《こうくうしかん》となるには、学校内の検査で視力が0・8以上でなければ四年生では受験できず、五年生の再受験までに視力快復《しりょくかいふく》を命ぜられた。しかし視力はかえって悪くなり受験は不可となると、それまでの空気が「軍人《ぐんじん》になれんような奴《やつ》は」と一変した。身体の自己管理ができなかったが、軍人《ぐんじん》でなくても国や社会に役立つ途《みち》は多々あるのにと憤慨《ふんがい》し、技術工学へ進もうと考えた。

戦時下の当時、上級校に進学する機会は、官立校と私立校の二回のみで、浪人《ろうにん》は許されず、直《ただ》ちに軍隊《ぐんたい》の一員となる状況で、思い悩んだ末、自分の郵便貯金から受験料を工面して、まず倍率の高い私立高等学校を受験し、合格したものの、父に黙って受験したので、恐る恐る進学を許して欲しいと願った。折悪《おりあ》しく風邪でねていた父は黙って許してくれた。ちょうど前年に長年の勤務で恩給《おんきゅう》がついた父は、長い造兵廠《ぞうへいしょう》の生活をやめ、戦時下の化学資材を軍官民《ぐんかんみん》で有効活用する化学《かがく》統制会《とうせいかい》（石川一郎会長）に、給与《きゅうよ》のよい陸軍代表として参画《さんかく》した。

こうして私立高校で勉学できると思ったが、時の校長は、日本刀《にほんとう》を腰にさして歩き回る国粋主義者《こくすいしゅぎしゃ》で落胆《らくたん》したが、同級生は良家の育ちの故《ゆえ》か優秀であった。しかし高校三年は、二年間に短縮され、その二年生では戦車工場の寮での三交代勤《さんこうたいきん》務《む》で、実質一年しか勉学していないまま、昭和二十年（一九四五）、父の跡《あと》をついで大学の化学に進んだ故《ゆえ》、大学の研究室では史上最低の学生が来たと笑《わら》われた。その上講義はなく、近隣《きんりん》の木造家屋《もくぞうかおく》を、延焼防止《えんしょうぼうし》の引倒《ひきたお》し作業の毎日。その空襲《くうしゅう》で四丁目の家は焼失、兄は結核《けっかく》で死亡、残った家族は、応急の仮小屋《かりこや》や防空壕《ぼうくうごう》を転々とした後、父の郷里三重に疎開しようとしたが、天竜川の鉄橋が爆撃不通《ばくげきふつう》で、北陸回りで三日がかりで辿《たど》りついた。養蚕室《ようさんしつ》の一隅《いちぐう》に住むこととなったものの、耕地《こうち》の少ない山地故《ゆえ》、食料が入手できず、いわゆる買出《かいだ》し部隊《ぶたい》となって、毎朝鉄道で食料調達に出かけた。人糞《じんぷん》も貴重な肥料《ひりょう》のため、用後藁《ようごわら》で拭《ぬぐ》う状況の上、父の名義の土地の争いや、農地委員の暴力行為など、いまいましい生活の連続であった。

こうした生きるための食料入手に必死になっていたなか、父は若い時からの悪《あく》癖《へき》があった。酒と煙草《たばこ》である。怪《あや》しげなドブロクを漁《あさ》り、スイバやイタドリの枯《かれ》葉《は》を喫《す》ったり、果ては列車や道路に落ちている吸殻《すいがら》を拾ってまわる浅ましい行動を、家族一同さんざん翻意《ほんい》するよう説得したが、悪癖《あくへき》はやまず喉頭《こうとう》ガンを発病した。「ザルコマイシン」という特効薬《とっこうやく》があることを知ったので、工場の研究室の魔法びんを貸してもらい、毎週夜行列車で京大の病室に届けたが、遂《つい》に声帯除去《せいたいじょきょ》の手術で、父は声を失った。

晩年の父は、私の帰宅を唯一《ゆいいつ》の慰《なぐさ》みとしていた不肖不憫《ふしょうふびん》、欠点だらけの行状《ぎょうじょう》を、長々と述べた理由は、偶然残った小学生時代の文集の最後に、私の絵画やコンクールなどでの賞状やメダルの写真を残してくれていたのを知ったからである。私の生後すぐの対策と共に、私の知らぬ間に、賞状やスケッチ大会のメダルなど、苦々しく思っていたと考えていた父が、きちんと全部写真として整理、残してくれた配慮《はいりょ》を知って胸がつまった。

思い違いや過情な配意《はいい》などの父であったが、子に対して黙ってのこまやかな配慮を知って、動転し、感謝と感激に包まれた。
親としてのなすべき行動と姿を示してくれたことを、後《おく》ればせて知り愕然《がくぜん》とした私は、貴重なあとがきに長々と述べさせていただいた所以《ゆえん》である。何卒《なにとぞ》お許しをいただき、了としてください。

かこさとし

## かこさとし
加古里子

1926年福井県武生市(現在 越前市)に生まれる。1948年東京大学工学部応用化学科卒業。工学博士。技術士(化学)。民間化学会社研究所勤務のかたわら、セツルメント運動、児童会活動に従事。1973年会社を退社した後は、子どもの本の執筆に携わる。また児童文化の研究者でもある。作品は、物語絵本、科学・天体・社会関係の知識絵本、童話、紙芝居など多岐にわたり、500点以上。主な作品に「かこさとしおはなしのほん」シリーズ『ピラミッド』『うつくしい絵』(偕成社)、「だるまちゃん」シリーズ『かわ』『海』『万里の長城』(福音館書店)、「かこさとしからだの本」シリーズ(童心社)、『伝承遊び考』「こどもの行事 しぜんと生活」シリーズ(小峰書店)などがある。1963年サンケイ児童出版文化賞大賞、2008年菊池寛賞、2009年日本化学会特別功労賞、2012年東燃ゼネラル児童文化賞、2017年巌谷小波賞などを受賞する。福井県越前市に「かこさとしふるさと絵本館 砳(らく)」と、かこさとし監修による絵本の要素がいっぱい詰まった「武生中央公園」がある。

[装丁・本文デザイン]
城所 潤+大谷浩介(ジュン・キドコロデザイン)

[編集協力]
柴田こずえ

[写真協力]
株式会社豊島園
T. KITAHARA COLLECTION
越前市教育委員会事務局 文化課
越前市武生東小学校
鯖江市まなべの館
公益財団法人 日本相撲協会
相撲博物館

過去六年間を顧みて かこさとし 小学校卒業のときの絵日記

発行/2018年3月 1刷
　　　2018年6月 2刷
著者/かこさとし
発行者/今村正樹
発行所/偕成社(かいせいしゃ)
〒162-8450 東京都新宿区市谷砂土原町3-5
TEL.03-3260-3221(販売部) 03-3260-3229(編集部)
http://www.kaiseisha.co.jp/
印刷/大日本印刷 製本/常川製本

NDC916 151p. 20cm ISBN978-4-03-808260-3

Published by KAISEI-SHA,
Ichigaya Tokyo 162-8450 Printed in Japan

乱丁本・落丁本はおとりかえいたします。
本のご注文は電話・FAXまたは
Eメールでお受けしています。
Tel: 03-3260-3221 Fax: 03-3260-3222
e-mail: sales@kaiseisha.co.jp